hanser**blau**

TAREQ SYDIQ

DIE NEUE PROTEST KULTUR

Besetzen, kleben,
streiken: Der Kampf
um die Zukunft

hanserblau

1. Auflage 2024

ISBN 978-3-446-28136-3
© 2024 hanserblau
in der Carl Hanser Verlag GmbH & Co. KG, München
Wir behalten uns auch eine Nutzung des Werks für Zwecke
des Text und Data Mining nach § 44b UrhG ausdrücklich vor.
Erscheint als digitales Hörbuch im John Verlag/RBmedia.
Umschlaggestaltung: Anzinger und Rasp, München
Satz: Greiner & Reichel, Köln
Druck und Bindung: Friedrich Pustet, Regensburg
Printed in Germany

MIX
Papier | Fördert
gute Waldnutzung
FSC® C014889

Inhalt

1 Intro .... 9 – 14

2 Was ist Protest? Von Revolutionen,
sozialen Bewegungen und zivilem
Ungehorsam .... 15 –

3 Was bringt ziviler Ungehorsam?
Die Kopftuchproteste im Iran 49

4 Ungesehen ist ungeschehen.
Politischer Protest in Hongkong 69

5 Fließende Übergänge –
Soziale Bewegungen in Deutschland 95

6 Revolution und Konterrevolution
im Sudan 123

7 Der (globale) Backlash. Gewalt und
Repressionen gegen Protestbewegungen 145

8 Outro 169

Quellen 175

Dank 185

Die neue Protestkultur

.

1

Intro

Ein Protest, über den ich oft nachdenke, fand 2020 statt. Damals verabredeten sich K-Pop-Fans auf Twitter, um das Internet mit Konzertaufnahmen von koreanischer Popmusik zu fluten. Das war an sich nichts Ungewöhnliches, die sogenannten Fancams waren schon lange ein zentraler Bestandteil der Fankultur. Dieses Mal sollte damit jedoch gezielt eine Website der Polizei überlastet werden, die während der Black-Lives-Matter-Proteste in den USA um Hinweise gebeten hatte und nun stattdessen so viele Aufnahmen von K-Pop-Konzerten erhielt, dass sie diese Website kurze Zeit später einstellen musste.[1] An diese Protestform muss ich regelmäßig denken, weil sie nur wenige Jahre davor unmöglich gewesen wäre. Videos konnte man auf Twitter erst ab 2010 hochladen, und K-Pop schaffte den Sprung aus der Nische in den Mainstream auch erst in den 2010er-Jahren. Und selbst heute versteht bei Weitem nicht jeder, mit dem ich diese Beobachtung teile, was eine »Fancam« ist oder was genau der Algorithmus und die Hashtags sind, die die Fans hier nutzten, um der Polizei ein Schnippchen zu schlagen.

Protest hat sich im Laufe der Geschichte immer wieder an die aktuellen sozialen und politischen Verhältnisse anpassen müssen. Einer der frühesten dokumentierten Streiks fand bereits vor drei Jahrtausenden statt, im 12. Jahrhundert *vor* unserer Zeitrechnung. Arbeiter, die ihre Rationen nicht rechtzeitig erhielten, legten die Arbeit nieder und marschierten zum

Wesir, dem Vertreter des Pharaos, um ihre Rechte einzufordern – mit Erfolg, sie erhielten zumindest einen Teil der Bezahlung. Wir wissen davon, weil diese Geschichte auf Papyrus überliefert ist und weil sie vergleichbare Aktionen inspirierte. Das ist umso beeindruckender, weil die Arbeiterinnen hier demokratisch handelten, bevor es so etwas wie eine Demokratie gab. Denn es sollten noch Hunderte Jahre vergehen, bis auch die ersten Parlamente erfunden wurden, vor denen sie hätten protestieren können. Athen beispielsweise führte die Demokratie 700 Jahre später ein, und damit war es möglich, auch vor gewählten Repräsentanten zu protestieren.

Seitdem haben wir immer wieder technische und soziale Neuerungen erlebt, die auch Protest beeinflussen. Dieser wandelt sich stetig, erfindet sich neu und passt sich an. Gar nicht so einfach also, das *Neue* am Protest zu identifizieren.

Es gab und gibt immer Proteste, überall dort, wo es Menschen gibt, die unzufrieden sind. Er verändert sich aber genauso, wie die Gesellschaften sich verändern. Als Arbeiter nicht mehr Steine für Pyramiden schlugen, sondern in Fabriken am Fließband arbeiteten, streikten sie auch anders. Und mit Erfindungen wie dem Buchdruck oder der Demokratie veränderte sich auch, wie zu Protesten aufgerufen und über Protest gesprochen wurde. Zuletzt war es vor allem das Internet, das den Protest veränderte.

Wie protestieren Menschen heute, weltweit? Darum geht es in diesem Buch. Das ist auch wichtig, weil Proteste überall stattfinden, unsere Wahrnehmung diesbezüglich ist aber oft lokal statt global geprägt – Proteste im Westen nehmen wir eher wahr als Proteste im sogenannten Globalen Süden, egal, wie wichtig und interessant diese sind. Da ist beispielsweise der Bauernprotest in Indien 2020, der möglicherweise der größte Protest der Menschheitsgeschichte war und an dem Mil-

lionen Menschen teilnahmen[2] – der aber außerhalb Indiens
kaum wahrgenommen wurde. Der Occupy-Wall-Street-Protest
in New York dagegen, an dem sich 2011 Zehntausende beteiligten, war auch in Deutschland medial sehr präsent. Protestiert
wird auf der ganzen Welt, oft deutlich enthusiastischer, größer,
kreativer als in westlichen Ländern. Und es lohnt sich, gerade
dort hinzuschauen – nicht nur, weil der Blick auf diese Proteste
dabei hilft, Menschen in diesen Ländern besser zu verstehen,
sondern auch, weil sich von ihren Protesten das eine oder andere lernen lässt.

Ob Frankreich 2017, Hongkong 2018, Armenien 2018, Chile
2019 oder der Iran 2022: Immer wieder protestieren Menschen
spontan, scheinbar überraschend und ohne große vorherige
Absprache. Sie wehren sich gegen Steuererhöhungen und Polizeigewalt, treten ein für Demokratie und ein Leben in Würde.
Manchmal sehen die Proteste spontaner aus, als sie es de facto
sind – im Iran und in Hongkong beispielsweise gingen ihnen
Protestwellen voraus, in denen die Unzufriedenheit der Bevölkerung und die Organisationsfähigkeit der Opposition immer wieder sichtbar wurden. Manchmal sind sie aber auch tatsächlich spontaner, ländlicher und informeller als früher. Zum
einen, weil in Demokratien die Bindungskraft von politischen
Gruppen und Verbänden nachgelassen hat, die traditionell zu
Protesten aufgerufen haben und diese organisierten, zum anderen, weil in Autokratien gezielt Organisationen zerschlagen
wurden, die Proteste organisieren könnten. Gleichzeitig kommen immer mehr Technologien dazu, die es möglich machen,
sich dezentral zu organisieren, schnell zu kommunizieren und
sich spontan zu versammeln.

Vier Beispiele in diesem Buch sollen illustrieren, welche
Formen Protest annehmen kann und wie dieser organisiert
wird. Mit dem Iran, Hongkong, Deutschland und dem Sudan

greife ich vier Protestwellen aus den letzten Jahren auf, in denen scheinbar spontane Proteste ausgebrochen sind – denen aber in vielen Fällen jahre-, wenn nicht jahrzehntelange Community-Arbeit voranging. Sie zeigen auf, wie Protest auch unter widrigen Bedingungen gelingen kann und welche Erfolge Protestierende erzielen konnten.

Sie zeigen aber auch, welche Herausforderungen für Protestierende bestehen und wo Proteste an die Grenzen ihrer Wirksamkeit stoßen. Wer diskriminiert wird, an den Rand der Gesellschaft gedrängt ist oder sogar aktiv verfolgt wird, protestiert anders als jemand, der gute Kontakte zu politischen Eliten unterhält und bestens vernetzt ist.

Außerdem scheitert Protest. Und das auch nicht gerade selten. Denn er eignet sich nicht immer, nicht zu jedem Thema, und ist vor allem eins: kaum berechenbar. Ob mein Protest Erfolg hat, weiß ich immer erst im Nachhinein, zu unübersichtlich ist die Lage, während er stattfindet. Und damit er wirklich Erfolg hat, sind Protestierende immer auch auf die Handlungen der »anderen« angewiesen: auf die Regierung, die Behörde, die Medien. Dort entscheidet sich, wie erfolgreich der Protest wirklich ist.

Protest kann die Politik ergänzen, ein wichtiges Korrektiv zu etablierten Institutionen darstellen oder der Sand im Getriebe der Macht sein. Er kann sie aber nicht ersetzen. Wie auf den kommenden Seiten hoffentlich deutlich wird, braucht es immer auch die Politik jenseits des Protestes, das Engagement in Verbänden, in Parteien, in Parlamenten, um wirklich etwas zu bewegen. Protest, der wirklich nur auf der Straße bleibt, ist selten erfolgreich, irgendwie müssen seine Anliegen an die Schaltstellen der Macht getragen werden. Selbst der spontanste Protest trifft letztlich auf die Rahmenbedingungen, die jahrelang davor aufgebaut wurden. Und ob er wirklich Erfolg hat, lässt sich erst später sagen, wenn die Langzeiteffekte sichtbar werden.

Dieses Buch skizziert den Hintergrund, die Trends, die zu Demokratieprotesten in Hongkong und im Iran geführt haben, die die Revolution im Sudan ausgelöst haben und die Proteste gegen Rechtsextremismus hierzulande so groß werden ließen. Es beleuchtet die Taktiken, die Menschen verwendet haben, mal mit mehr und mal mit weniger Erfolg. Und es hilft zu verstehen, wie es weitergehen könnte mit der chinesischen und iranischen Autokratie, mit dem sudanesischen Bürgerkrieg und dem zunehmenden Rechtsextremismus in Deutschland.

2

Was ist Protest?
Von Revolutionen, sozialen
Bewegungen und zivilem
Ungehorsam

Die Gruppe, die am 17. Dezember 2010 vor dem Gouverneurs-
sitz in Sidi Bousid in Tunesien demonstrierte, hatte vermutlich
keine Revolution im Sinn. Der spontane Protest war eher Ausdruck ihrer Wut. Am selben Tag hatte sich Mohamed Bouazizi
aus Verzweiflung selbst angezündet. Der verschuldete Straßen-
händler stand vor dem Ruin, nachdem eine Kontrolleurin seine
Waage konfisziert hatte und er so nicht länger sein Obst verkau-
fen konnte. Die Kontrolleure waren berüchtigt für ihre Korruption – denn der Straßenhandel war ebenso verbreitet wie illegal,
was diese häufig nutzten, um Bestechungsgelder von den Händ-
lerinnen zu erzwingen. Der Protest war weder der erste noch
der größte im Tunesien der 2000-Jahre, breitete sich jedoch innerhalb weniger Wochen stark aus. Die Polizei reagierte mit
Gewalt und stachelte so nur noch mehr Proteste an, die schnell
auch die Hauptstadt Tunis erreichten, wo Gewerkschaften
und die tunesische Zivilgesellschaft für Massenproteste sorg-
ten. Auch eine Ausgangssperre und Verhaftungen konnten die
Menschen nicht wieder von der Straße vertreiben. Das mündete
schließlich darin, dass der Diktator Ben Ali am 14. Januar 2011
erst einen Notstand ausrief, aber die Bewegung nicht mehr aufhalten konnte und später am selben Tag das Land verließ.

Der Protest in der tunesischen Kleinstadt hatte die »Revolution der Würde« angestoßen, mit der Ben Alis 23-jährige Herrschaft innerhalb eines Monats beendet wurde. Die erfolgreichen Proteste fanden schnell Nachahmerinnen und beschäftigten 2011 die ganze Welt.[1] Umstürze in Ägypten, im Jemen und Libyen, der bis heute andauernde Bürgerkrieg in Syrien und zahlreiche weitere Proteste, Regierungswechsel und Reformen hielten Regierungen in der ganzen Region auf Trab. Aber auch außerhalb der Region fand die Revolution der Würde Nachahmerinnen: In China riefen Aktivistinnen zu Demokratieprotesten nach tunesischem Vorbild auf. Und während Sozialprotesten in Tel Aviv bezogen sich Plakate auf den Tahrir-Platz in Ägypten, wo die Protestierenden sich wiederum auf die Revolutionäre in Tunesien beriefen. 2011 wurde zum Protestjahr, auch unabhängig von der tunesischen Revolution: Die Bewegungen in Nordafrika hatten das Potenzial von Protesten gezeigt, wovon die Anti-Austeritätsproteste in Südeuropa, die Occupy-Bewegung in Nordamerika und die Demokratieproteste in Russland profitierten, auch wenn ihre Ziele und Taktiken ganz andere waren.

Die Protestierenden überraschten mit ihrem Erfolg nicht nur sich selbst. Proteste gegen die Autokratien in Nordafrika und Westasien waren zwar gut erforscht, aber die wenigsten erwarteten damals eine so breite politische Bewegung. Viele erforschten vor allem die vermeintliche Stabilität arabischer Autokratien. Innerhalb kurzer Zeit entstanden nun neue Forschungsfelder zu Protest- und revolutionären Bewegungen in der Region. Auch mein Politikwissenschaftsstudium in München veränderte sich kurzfristig: Die Anzahl der Seminare zu politischen Bewegungen in Nordafrika und Westasien vervielfachte sich, wir diskutierten, schrieben Hausarbeiten dazu und beobachteten gebannt die Entwicklung. Was davor noch weit weg war, schien plötzlich ganz nah. Kairo und Tunis wurden uns in München sehr greifbar. Zahlreiche meiner damaligen Kommilitoninnen beschäftigen sich bis heute mit dem Thema.

Diese Nähe wich Empörung, je mehr wir uns mit der Region beschäftigten. Denn damals wie heute wird in Europa dieser und anderen Regionen der Welt herablassend unterstellt, unpolitisch zu sein. Das ließ sich damals besonders schnell widerlegen, und trotzdem kehrt diese Ignoranz regelmäßig zurück. Sie rührt häufig von Unwissen über Jahrzehnte politischer Mobilisierung her. Dass viele Länder von außen betrachtet ruhig wirken, wird so ausgelegt, dass die Bevölkerung sich mit den Machthabern abgefunden und arrangiert habe – ohne auf die Widerstandsgeschichten zu blicken, die es nicht in die Schlagzeilen geschafft haben.

Umso größer fällt die Überraschung aus, wenn dieser Unmut dann doch sichtbar wird und Regime stürzt. Dabei sind unerwartete Revolutionen gar nicht mal so selten. Der Soziologe Charles Kurzman schrieb 2004 beispielsweise von der »undenkbaren Revolution im Iran«[2], die Protestierende genauso überraschte wie den Staat. Dafür gibt es viele Gründe: Es ist schwer, Revolutionen vorherzusehen. Ihre Dynamiken können häufig erst im Nachhinein wirklich eingeordnet werden. Manchmal wollen Protestierende auch gar nicht so viel darüber nachdenken, was sie gerade tun. Denn sonst fiele womöglich auf, dass es in vielen Fällen eigentlich keinen besonders guten Grund gibt, warum der aktuelle Protest etwas bewirken sollte. Warum sollte er dieses Mal erfolgreicher sein als beim letzten Versuch? In Tunesien wurde erst zwei Jahre vor der Revolution der Aufstand in Gafsa vom Regime brutal niedergeschlagen. Weil in den neu eröffneten Minen nur Anhänger des Regimes mit Arbeit versorgt wurden, protestierten Jugendliche, Arbeitslose und Gewerkschafterinnen monatelang, nahmen an

Hungerstreiks und Sit-ins teil und blockierten wichtige Straßen. Der Staat reagierte brutal, mit Massenverhaftungen und Schüssen in Menschenmassen. Und zermürbte so die Protestierenden, bis diese schließlich nachgaben.[3] 2011 gab es zunächst keine Anzeichen, dass das Regime dieses Mal anders vorgehen würde. Dass es dieses Mal anders sein würde, wussten die Protestierenden erst nach der Revolution.

Auch in Demokratien haben Protestierende erst einmal wenig Anlass zu glauben, dass ihr Protest mehr sein wird als Selbstzweck. Ein politischer Protest besteht in der Regel aus einer Menschenansammlung, die weitgehend friedlich ein Anliegen formuliert und lautstark verkündet. Ein gutes Beispiel hierfür aus den letzten Jahren sind die hupenden Bauern, die Anfang 2024 nachts durch Berlin fuhren. Da gab es keine Ansammlung, Kundgebung oder Parolen, der Unmut wurde aber hörbar – was für einen Protest im Grunde ausreicht. Wenn das Ziel ist, laut zu ein, könnten die Beteiligten im Anschluss zufrieden nach Hause gehen. Wieso aber sollte der Protest eine langfristigere politische Veränderung oder einen konkreten politischen Prozess anstoßen? Laut sein allein führt schließlich nicht dazu, gehört zu werden – und gehört zu werden erst recht nicht dazu, auch erhört zu werden. Aus der Kommunikation, dass die Beteiligten mit etwas unzufrieden sind, entsteht nicht unmittelbar eine politische Veränderung, dafür müssen erst politische Akteurinnen überzeugt werden. Wenn der Protest mehr sein soll als Selbstzweck, geht es also auch um den Adressaten und darum, wie dieser auf den Protest reagiert.

Und dieser Adressat muss erst einmal gute Gründe haben, überhaupt zu reagieren. Solchen Menschenansammlungen steht in der Regel ein Monopolist politischer Prozesse gegenüber, der in den meisten heutigen Gesellschaften weite Teile der Politik bestimmt: der Staat. Und während die Menschenansammlung flüchtig ist (Wer kennt überhaupt jemanden hier? Wer muss bald heim, um Essen zu kochen, zu putzen, zu arbeiten? Wem wird bald kalt?), ist der Staat beharrlich. Um ihn aufzulösen, bedarf es großer Anstrengungen, selbst Revolutionen und Weltkriege überlebt er regelmäßig. Damit der Staat tatsächlich den Kurs wechselt, müssen zahlreiche Stellen gleichzeitig angeschoben werden. Selbst gewählte Regierungen können dieses behäbige Schiff nur sehr langsam neu ausrichten. Warum also sollte eine Gruppe, die in ihrem Protest zeitlich und räumlich begrenzt ist, Institutionen des Staates, die durch beinahe unbegrenzte Ressourcen und Zeit charakterisiert sind, beeindrucken?

Denn Fakt ist, auf den ersten Blick hat die Politik wenig Grund, sich von Protestierenden beeindrucken zu lassen. Dem Staat steht ein Vielfaches der Ressourcen zur Verfügung im Vergleich zu dem, was selbst gut organisierte Protestierende aufbringen können. Dazu gehören beispielsweise seine Sicherheitskräfte und ein finanzieller Haushalt, der in Deutschland knapp die Hälfte der gesamten Wirtschaftsleistung ausmacht*. Und in Notlagen kann er häufig beträchtliche zusätzliche Ressourcen mobilisieren, indem er sich beispielsweise an den internationalen Märkten verschuldet, kurzfristig Geld druckt

---

* Um die Wirtschaftskraft von Staat und Gesellschaft zu vergleichen, kann man sich beispielsweise die sogenannte Staatsquote anschauen. Diese gibt das Verhältnis von Staatsausgaben zur Wirtschaftsleistung wieder. Das Bundesfinanzministerium gibt die Quote in Deutschland mit 49,8% für 2022 an, das entspricht in etwa dem EU-Durchschnitt. 1960 lag sie bei 32,9%, ist seitdem also deutlich gestiegen. In den meisten modernen Staaten ist die Quote kontinuierlich gewachsen. Einige beispielhafte Zahlen: In Brasilien lag sie 2022 ebenfalls bei 43,3%, in den USA bei 38,5%, in China bei 33% und in Südafrika bei 32,2%, Tendenz steigend. Das verdeutlicht, wie groß die Ressourcen sind, die selbst arme Staaten mobilisieren können.

oder externe Verbündete um Hilfe bittet. Den Druck der Straße muss er eigentlich nicht fürchten, solange er zusammenhält. Und selbst den hartnäckigsten Protestierenden geht irgendwann die Motivation verloren, oder sie müssen sich schlicht um ihr eigenes Überleben, um Lohnarbeit und Haushalt kümmern.

Dieser gigantische, langsame, häufig gesichtslose Staat wird von einer personell und zeitlich begrenzten Regierung mit klaren Zuständigkeiten gelenkt. Und diese wiederum kann sehr wohl direkt angesprochen und unter Druck gesetzt werden. Die (politische) Regierung wird also verantwortlich gemacht, unabhängig davon, was sie tatsächlich bewirken kann. Denn umgesetzt wird das Ganze von (technokratischen) Institutionen, deren genaue Arbeitsweise den wenigsten vertraut ist. Das kann eine Herausforderung für Aktivistinnen sein, die mit ihrem Anliegen eigentlich die richtige Ansprechperson ausfindig machen und ihre Beschwerdebriefe nicht versehentlich an die falsche Adresse schicken wollen. Wie viele Menschen wissen beispielsweise spontan, wer im Staatsapparat über ein Abschiebeverbot entscheidet? Das Aufenthaltsgesetz verbietet formal Abschiebungen in bestimmten Fällen, aber ob diese zutreffen, wird oft mühsam zwischen Anwälten, Behörden und Gerichten ausgehandelt. Dass der individuelle Beamte sich im Asylverfahren anders verhält, ist jedoch schwer zu fordern, denn wer diese Praxis konkret umsetzt, geht im Institutionenlabyrinth unter. Die zuständige Ministerin hingegen ist leicht identifizierbar. Diese trägt die politische Verantwortung über Entscheidungen – und kann von der Öffentlichkeit dafür verantwortlich gemacht werden. Protestierende können diese leichter in die Pflicht nehmen, weil sie nicht in mühsamer Kleinstarbeit jede involvierte Person in Behörden und Gerichten ausfindig machen und überzeugen müssen – sondern »nur« die Ministerin selbst.

Aber auch sie kann in größeren Zeiträumen arbeiten und kurzzeitige Proteste aussitzen. Selbst wenn die Regierung nicht autokratisch auf Lebenszeit gewählt ist, sind vier Jahre bis zur nächsten Wahl viel Zeit. Und Politikerinnen denken in der Regel nicht nur an den Protest von heute, sondern daran, wer in der Zukunft protestieren könnte, sie denken an gesamtgesellschaftliche Stimmungen, ihre eigene Karriere und ihre Regierungskoalition. Der einzelne Protest ist immer nur ein flüchtiges Bild, das sich schnell ändern kann. Wie wenig Regierungen selbst auf Proteste in Demokratien reagieren können, konnte man in den letzten Jahren eindrücklich am Beispiel Frankreich sehen. Emmanuel Macron, seit 2017 Präsident, führte zahlreiche unpopuläre Reformen durch. 2018 erhöhte seine Regierung die Treibstoffabgaben um mehrere Cent – nachdem diese bereits im Vorjahr gestiegen waren und die Marktpreise ebenfalls zunahmen. Diese Preiserhöhung und Unzufriedenheit mit der Reformagenda Macrons führten Ende 2018 zu den »Gelbwestenprotesten«, die sich schnell ausweiteten zu einer Protestbewegung gegen seine Präsidentschaft. Die Reaktion der Regierung: weitermachen. Zwar wurden die Reformen zeitweise ausgesetzt und leicht verändert, aber nicht grundsätzlich rückgängig gemacht. Die Proteste beantwortete Macron vielmehr mit Polizeieinsätzen, und als sie nachließen, griff er seine Reformen wieder auf. Der Wiederwahl schadete es nicht: 2022 wurde Macron erneut zum Präsidenten gewählt, bei der Parlamentswahl konnte er seine relative Mehrheit knapp verteidigen. Und als 2023 Massenproteste und Streiks gegen die geplante Rentenreform begannen, ignorierte er auch dieses Mal die Forderungen weitgehend. Wieder bestand seine Antwort in erster Linie aus Polizeieinsätzen, politisch wurde der Kurs gar verschärft: Mit Anwendung des Artikels 49.3 umging die Regierung Macrons das Parlament. Die Exekutive ignorierte den Protest nicht nur, sie setzte ihr politisches Programm sogar noch schneller durch. Und die Opposition, angeführt von der linken Koalition NUPES, konnte letztlich nur zuschauen. Ihr Versuch, die Reform über eine Beschwerde vor dem Verfassungsgericht zu stoppen, scheiterte. Und wenn Macron nach der Europawahl 2024 nicht die Nerven verloren hätte, hätte er auch noch eine Weile ungehindert weitermachen können. Auch wenn Macrons Umgang mit den Protesten seinen Beliebtheitswerten und dem Wahlergebnis seiner Partei sicher nicht geholfen hat: Entscheidend war, dass Macron selbst das Parlament auflöste. Kein Protest hätte ihn dazu zwingen können.

Staaten müssen sich nicht mit Protesten auseinandersetzen, denn es fehlt ein politischer Mechanismus, der sie dazu verpflichtet. Natürlich sollten Staaten auf ihre Bürger reagieren, und in Demokratien haben diese sogar ein Recht darauf, gehört zu werden – aber eben nicht unbedingt durch Protest. Bürgerinnen können sich beispielsweise mit Bitten oder Beschwerden an den Petitionsausschuss des Bundestags wenden, und dieser muss reagieren. Aufsehen erregte 2015 eine Petition, die ein Antidopinggesetz forderte und an den Bundestag weitergeleitet wurde. Denn kurze Zeit später wurde tatsächlich ein solches Gesetz verabschiedet. Ein solcher Erfolg ist nicht die Regel, aber Petenten können mit einer Antwort rechnen, manchmal auch mit direkter Hilfe bei ihrem Anliegen – und in manchen Fällen werden sie sogar in den Bundestag eingeladen, um ihr Anliegen direkt vorzutragen. Das ist ihr gutes Recht, denn das Petitionsrecht ist im Grundgesetz verankert und der Petitionsausschuss des Bundestags über ein Gesetz klar geregelt. Wer also eine Petition einreicht, nimmt damit direkt Einfluss auf den Staat, selbst wenn das Petitionsverfahren nicht erfolgreich ist. Außerdem üben Wählerinnen direkt Macht aus, indem sie durch ihren Gang zur Wahlurne die Mehrheitsverhältnisse in Parlamenten bestimmen. Das hat auch zwischen den Wahlen Wirkung auf die Politik, beispielsweise durch Umfragen. Wer wiedergewählt werden will, muss die Umfragewerte im Blick behalten, gerade während Wahlkämpfen. In Autokratien sind es oft Eliten, die auf die eine oder andere Art Einfluss nehmen können, oder auch Umfragen, die Machthabern andeuten, welche Themen für Unmut sorgen und zum Problem für sie werden könnten.

Politischer Protest aber steht zwischen all diesen Stühlen. Er beeinflusst keine Machtverhältnisse, wie es Wahlen oder Absprachen zwischen Eliten tun. Er vermittelt keine klare Vorstellung davon, wie Mehrheiten und Stimmungen im Land sich entwickeln, denn anders als in repräsentativen Umfragen kann es sich eben um eine sehr laute Minderheit handeln. Wenig spricht unter diesen Umständen dafür, dass Staaten ihr Handeln von Protesten beeinflussen lassen, und die meisten Regierungen können dies vermeiden, wenn sie es möchten, wie das Beispiel Macron zeigt.

Führt man sich also vor Augen, wie unwahrscheinlich der Erfolg von Protesten, sozialen Bewegungen und Revolutionen eigentlich ist, ist es umso beachtlicher, wie oft sie dennoch erfolgreich sind. Beispiele hierfür gibt es viele. 1963, auf dem Höhepunkt der US-amerikanischen Bürgerrechtsbewegung, marschierten Hunderttausende friedlich durch Washington und lauschten der »I have a dream«-Rede Martin Luther Kings. Sie waren aus allen Ecken des Landes angereist, meist in Bussen, und trugen mit dem Marsch erheblich dazu bei, dass politische Reformen durchgeführt wurden, die die Lage der Afroamerikaner verbesserten. Und nachdem die Nachricht die Runde machte, die Grenzen zwischen der DDR und der

Bundesrepublik seien offen, versammelten sich 1989 Tausende Menschen an Grenzübergängen. Es kam zu tumultartigen Szenen, die Grenzkommandanten öffneten schließlich die Tore – und leiteten damit das Ende der DDR ein. Ähnliches spielte sich in der gesamten Sowjetunion ab, die innerhalb kurzer Zeit verschwand. Die Proteste, die zum Ende der Sowjetherrschaft geführt haben, veränderten schlagartig die gesamte Welt. Das führt zu der Frage:

Warum haben Proteste also trotz allem regelmäßig Erfolg?

Kaum eine Frage bewegt die Protestforschung so sehr wie die, aus welchen Gründen und unter welchen Bedingungen Protestbewegungen Erfolg haben. Eine einfache Antwort auf diese Fragen gibt es nicht, es müssen sehr unterschiedliche Faktoren und Konfliktlagen berücksichtigt werden. Was die meisten Antworten aus der Protestforschung gemeinsam haben: Erfolgreiche Proteste entstehen nicht im Vakuum, sie haben häufig weniger erfolgreiche, aber politisch wirksame Vorgänger. Protestierende lernen, organisieren und vernetzen sich bei Protesten, auch wenn diese nicht erfolgreich sind. Die Fähigkeiten, die sie so erwerben, können ihnen dabei helfen, den nächsten Protest erfolgreicher zu gestalten und bereit zu sein, sollte die Gelegenheit in Zukunft günstiger sein, ihr Anliegen durchzusetzen. Je geschickter sie protestieren, desto leichter fällt es ihnen, eingespielte Abläufe zu stören. Proteste können auf diese Weise der Sand im Getriebe des politischen Apparats sein, der Verantwortliche zum Umdenken bringt. Dazu müssen aber mehrere Dinge zusammenkommen, die oft schwer vorhersehbar sind.

Denn für den Erfolg von Protestbewegungen kommt es auf die politischen Rahmenbedingungen an, also darauf, wie de-

mokratisch das Regierungssystem ist und wie groß die gesellschaftliche Unterstützung für Proteste allgemein und für einen
konkreten Protest ist. Wenn die Revolution schon in der Luft
liegt, sich weite Teile der Eliten mit dem politischen Wandel
bereits abgefunden haben wie zum Beispiel in den Sowjetre-
publiken 1989, dann sind Protestbewegungen plötzlich sehr
effektiv. Auch kommt es auf die Zielsetzung an: Wie radikal
sind Proteste? Wie sehr brechen sie politische Tabus? Wer
Galgen von Spitzenpolitikerinnen aufstellt, wie einst bei den
rechtsradikalen Pegida-Protesten, wird deutlich weniger Menschen von seinem Anliegen überzeugen als eine Bewegung,
die von vornherein moderater auftritt. Zu diesen Zielen müssen die kurzfristigen Taktiken ebenso passen wie die langfristigen Strategien. Da stellen sich Fragen wie die nach der Dauer
des Protestes – wer eine Subventionskürzung oder Pensions-
reform verhindern will, hat vielleicht ein kurzfristiges Ziel und
will schnell möglichst viel Druck aufbauen, wer eher den Klimaschutz als gesellschaftliches Projekt vorantreiben will, muss
sich Gedanken machen, was nach der Anfangsphase von dem
Protest bleibt und wie die Bewegung langfristig etwas bewirken
kann. Das unterscheidet auch den Bauernprotest gegen eine
kurz zuvor angekündigte Regierungsmaßnahme vom Klima-
protest für einen langfristigen Politikwechsel.

Weil der Protest nicht im luftleeren Raum stattfindet, ist
häufig auch die Reaktion des Staates ausschlaggebend für den
Erfolg der Bewegung: Werden Gesprächsangebote gemacht?
Geht die Polizei mit Gewalt vor? Wenn die Politik Interesse
an einem friedlichen Ende hat, sind plötzlich viele Kompromisse möglich, wenn die Polizei (absichtlich oder unabsicht-
lich) mit Gewalt vorgeht, reagieren Protestierende darauf auch
und könnten eingeschüchtert werden oder sich radikalisieren.
Auch *wer* protestiert, kann eine Rolle spielen; die soziale Struk-

tur der Protestierenden macht einen Unterschied. Angehörige der vom Nationalisozialistischen Untergrund getöteten Enver Şimşek, Mehmet Kubaşık und Halit Yozgat demonstrierten
2006 in Kassel und Dortmund für Aufklärung. Sie warnten vor
der rechtsextremen Mordserie, wurden aber weitgehend ignoriert – von Behörden und von der Mehrheitsgesellschaft. Erst
2011 enttarnte sich der NSU selbst. Besonders viel Erfolg haben Bewegungen, wenn sie es schaffen, heterogene Gruppen zu
mobilisieren, weil sie damit unterschiedliche Milieus anspre-
chen und immer schwerer ignoriert werden können. Dazu sind
ihre Bündnisse wichtig. Wie viele andere Akteure sich solidari-
sieren, beeinflusst den Erfolg von Protest.

Davon nicht ganz zu trennen ist der Protestort. Wer vor
dem Parlament protestiert, wird allein durch die Nähe zur Politik schneller gesehen und gehört, wer dagegen im Banlieue
oder im ländlichen Raum protestiert, wo weniger Journalistin-
nen leben, hat es deutlich schwerer. Unterstützer jenseits der
Staatsgrenze können dabei helfen, die internationale Presse
aufmerksam zu machen. Die Medienlandschaft spielt generell
eine große Rolle für den Erfolg von Protesten. Eine freie Presse,
die neutral oder sogar positiv über Protest berichtet, hilft ihrem Anliegen, während gleichgeschaltete Medien ihren Spielraum stark einschränken. Somit sind es sehr unterschiedliche
Faktoren, die über Erfolg und Scheitern von Protest entscheiden können, und die genannte Liste ist auch nicht vollständig.
Aktivistinnen können nur einen Teil davon selbst kontrollieren und müssen bei den restlichen auf eine günstige Lage hoffen oder beobachten, wie sich andere Akteure verhalten. Einen
Protest am Reißbrett zu planen, wird deswegen sehr schwer-
fallen. Und selbst wenn eine Protestbewegung erfolgreich alle
relevanten Faktoren berücksichtigen sollte, kann ihr jederzeit
ein unvorhergesehenes Ereignis einen Strich durch die Rech-

nung machen und die Rahmenbedingungen dramatisch verändern. Wer hätte Ende 2019 die weltweite Covid-19-Pandemie oder 2022 den russischen Angriffskrieg gegen die Ukraine im Blick gehabt?

Entscheidend ist dabei oft nicht, was real passiert, sondern wie diese Dynamik *wahrgenommen* wird. Wenn Staat und Gesellschaft denken, dass eine Protestbewegung radikal ist, und sich entsprechend verhalten, also aus Prinzip nicht das Gespräch suchen und nur mit Polizeimaßnahmen reagieren, dann ist es auch egal, ob die Bewegung eine Revolution anstrebt oder eine vorsichtige Gesetzesänderung. Neben der realen Aktion spielt also die Diskussion um Proteste eine enorme Rolle. *Wie* über Protestbewegungen und *wie* über den Staat gesprochen wird, beeinflusst den Erfolg. Wenn die Regierung schwach erscheint, obwohl sie noch längst nicht alle Ressourcen mobilisiert hat, kann sie zu Kompromissen gezwungen werden, auch wenn die realen Kräfteverhältnisse das gar nicht andeuten würden. Autokratische Machthaberinnen pflegen deswegen während Protestwellen ihr Image akribisch und planen ganz genau, ob und wann sie reagieren – auf keinen Fall wollen sie schwach aussehen und möglicherweise weitere Proteste provozieren. Wenn Protestierende sie schwach erscheinen lassen, können schlimmstenfalls die eigenen Verbündeten in der Regierung die Machtfrage stellen und einen Kollaps des Systems herbeiführen.

Die berühmtesten Protestbilder hängen mit diesem Kampf um Deutungen zusammen. Sie können die Erzählung von Protesten radikal verändern oder prägen.

Ein solches Bild stammt aus China aus dem Jahr 1989. Das Land hatte eine kurze Phase der politischen Öffnung erlebt, mit vorsichtigen Reformen unter Deng Xiaoping. Weil es 1989 so aussah, als würde diese Periode bereits wieder enden, gingen

Studenten auf die Straße für politischen Wandel, sie begannen Hungerstreiks und besetzten den Tian'anmen-Platz. Anfang Juni beschloss die kommunistische Partei, dass der Platz geräumt werden müsse. Das Militär machte sich bereit, am 3. Juni gegen die friedlichen Protestierenden vorzugehen. Mit gepanzerten Wagen rammten sie durch die provisorischen Barrikaden und schossen auf Zivilisten, die teils panisch wegrannten. Bis zum Folgetag hatten sie den Platz mit massiver Gewalt geräumt, es gab zahlreiche Tote. Als sie am 5. Juni schließlich die Kontrolle über den Platz erlangt hatten, wollte eine Kolonne Panzer den Ort verlassen. In genau diesem Moment spazierte ein Zivilist mit weißem Hemd und schwarzer Hose sowie einer Einkaufstüte in jeder Hand vor die Panzer, als hätte es die Gewalt der Vortage nicht gegeben. Die Panzer hielten an, der Mann machte eine abweisende Geste, blieb sonst aber still. Daraufhin versuchte der erste Panzer, um ihn herum zu fahren, der Mann ging nun auch einige Schritte zur Seite, jedoch nur, um sich kurz darauf erneut in den Weg zu stellen. Schließlich stieg er sogar auf den Panzer und setzte sich darauf. Ein Soldat öffnete die Klappe und er begann mit diesem zu diskutieren. Was genau die beiden sprachen, ist bis heute ungeklärt. Letztlich stieg er wieder runter, und der Soldat wollte gerade weiterfahren, als er erneut vor den Panzer sprang. Erst als einige Minuten später vier andere Männer dazukamen und ihn wegzerrten, endete sein kurzer Protest. Der Mann ging als »Tank Man« in die Geschichte ein. Seine Identität, genau wie die der Männer, die ihn wegzogen – waren es Passanten die ihn retten wollten oder Sicherheitsbeamte, die ihn in Gewahrsam nahmen? –, und sein weiteres Schicksal sind bis heute ungeklärt. Mit seiner Aktion wurde der »Tank Man« weltweit zum Symbol für friedlichen Widerstand gegen staatliche Gewalt. Das Bild trug dazu bei, das Gedenken an die Demokratiebewegung von

1989 in China bis heute aufrechtzuerhalten, obwohl der Staat vehement versucht, dies zu verhindern.

Das Beispiel des »Tank Man« zeigt eindrücklich: Auch gescheiterte Proteste bewirken etwas. Das ist bemerkenswert, denn tatsächlich »scheitert« die Mehrheit der Proteste, da sie ihr unmittelbares politisches Ziel nicht herbeiführen können. Sie wirken aber anders.

Gut untersucht ist, wie die Teilnahme an Protesten Identitäten stiften kann. Ein Beispiel dazu stammt aus der US-amerikanischen Bürgerrechtsbewegung, in der Afroamerikanerinnen für Gleichberechtigung und gegen Rassismus protestieren. Doug McAdam untersuchte Teilnehmende des »Freedom Summer«-Projektes 1964, bei dem möglichst viele Afroamerikaner als Wähler in Mississippi registriert werden sollten. Wegen der jahrzehntelangen Segregation war die Wahlbeteiligung von Afroamerikanerinnen sehr niedrig. Rassisten verhinderten diese gezielt, indem sie Schwarze Wählerinnen bedrohten. So konnten Arbeitgeber ihre Schwarzen Angestellten von der Wahl abhalten, und der extremistische Ku-Klux-Klan führte gezielt Anschläge durch. Auch die Landesregierungen verhinderten ihre Wahlbeteiligung durch strenge Auflagen zur Wählerregistrierung, die gezielt Schwarze von der Wahl ausschlossen. Die Initiative galt wegen der breiten Unterstützung in Staat und Gesellschaft *für* die Ausgrenzung der Schwarzen als riskant. Ihre Gegnerinnen schreckten auch vor dem Einsatz von Gewalt nicht zurück. Beispielsweise entführten bereits zu Beginn der Aktion Segregationisten drei Aktivistinnen und prügelten sie zu Tode. Die Aktivisten mussten mit der ständigen Gefahr von Verhaftungen und Gewalt leben, die bis zu Bombenangriffen reichte. Die Initiative konnte vergleichsweise wenige Menschen registrieren. Bei der Präsidentschaftswahl erzielte der Rassist und republikanische Kandidat Barry Goldwater sein mit Abstand bestes Ergebnis in Mississippi. Dennoch prägte die Aktion die Bürgerrechtsbewegung und das Leben der Teilnehmenden. Das zeigte unter anderem McAdams Studie, in der er verglich, wie sich das Leben von Menschen veränderte, die an der Kampagne mitwirkten, im Vergleich zu Menschen, die sich kurzfristig dagegen entschieden hatten. Wer teilgenommen hatte, war innerhalb der nächsten Jahre knapp 22% häufiger in der Bürgerrechtsbewegung politisch aktiv, obwohl beide ursprünglich aus derselben Bewegung stammten. Wer an der riskanten Kampagne teilgenommen hatte, blieb der Bewegung scheinbar länger verbunden. Doch es blieb nicht bei diesem direkt mit der Kampagne assoziierten Engagement: Teilnehmende waren auch 65% häufiger in der Antikriegsbewegung und 47% häufiger in der Frauenrechtsbewegung aktiv. Ihre Politisierung wirkte also für andere politische Themen nach. Und: Dieser Effekt hielt sehr lange an. 20 Jahre später war knapp die Hälfte der einst Teilnehmenden noch immer aktiv in sozialen Bewegungen, aber nur knapp ein Drittel derjenigen, die nicht teilgenommen hatten.[4]

Andere Studien bestätigen diese Ergebnisse. Wer an einem Protest teilnimmt, wird mit höherer Wahrscheinlichkeit am nächsten Protest teilnehmen oder anderweitig aktiv bleiben. Das erzeugt Protestpotenziale, also eine signifikante Anzahl an politisierten Menschen, die auch kurzfristig für weitere Aktionen zusammenkommen können. Aktivistische Gruppenidentitäten werden umso stärker ausgebildet, wenn es zu Auseinandersetzungen mit der Polizei oder Gegenprotesten kommt, weil dies den Zusammenhalt stärkt und gegebenenfalls auch zeigt, wie mächtig eine Gruppe sein kann, wenn sie zusammenhält. Wer einmal im Angesicht von Gewalt standgehalten hat, wird künftig weniger Angst haben vor einer erneuten gewalttätigen Auseinandersetzung, weil er oder sie schon einmal erfolgreich dagegen angekommen ist. Aus diesem Grund kann Repression als Mittel gegen Proteste auch mit der Zeit stumpf werden.

Die Gewalt der Segregationisten schreckte 1964 einige der Bürgerrechtsaktivistinnen ab, die ihre Teilnahme zurückzogen – wer aber dennoch kam, ließ sich auch in Zukunft nicht von Tötungen und Bombenanschlägen abschrecken. Außerdem lernen Menschen dazu. Wer noch nie an Protesten teilgenommen hat, weiß nicht, wie man sich vorbereitet und bei Gegengewalt verhält. Wer bereits erste Erfahrungen hat, erlernt Routinen und Taktiken und kann diese für den nächsten Protest nutzen, sogar andere Neulinge ausbilden und Wissen vermitteln.

Auch gescheiterter Protest erzeugt ein Zusammengehörigkeitsgefühl und Lerneffekte bei den Teilnehmerinnen, aus denen neue Aktionsformen entstehen können. Auf der Straße lernen sich Menschen anders kennen, tauschen sich aus und vernetzen sich auf eine Art, die in ihrem Alltag nicht möglich ist. Sie treffen auf politisch Gleichgesinnte, die sich in ihren Ansichten bestärken und erwerben Kontakte für künftige Aktionen. Oft sind das einfach Freundschaften, die durch die regelmäßige gemeinsame Aktivität entstehen. Die Routine hilft dabei.

Das genaue Gegenteil ist bei den Medien der Fall. Während der Effekt auf die beteiligten Menschen größer ist, je häufiger und regelmäßiger ein Protest stattfindet, weil sich Kontakte wiederholt treffen und Lerneffekte vertieft werden, müssen Proteste, um medial von Interesse zu bleiben, stetig neu und aufmerksamkeitserregend sein, das heißt möglichst unvorhersehbar. Denn Medien berichten eben lieber über einen Angriff auf die Mona Lisa mit Dosensuppe als über die hundertste Demonstration gegen den Klimawandel. Oder sie schreiben über Rekorde. Nach einem Protest mit besonders vielen Teilnehmern können künftige, kleinere Proteste nur schwer dieselbe Aufmerksamkeit erzeugen. Nachdem bei den Protesten im Januar 2024 Hunderttausende gegen Rechtsextremismus auf die Straßen gingen, war die Messlatte so hoch gesetzt, dass über die Proteste im März wenig berichtet wurde – obwohl da immer noch Zentausende Menschen protestierten. Die Zahl war groß, aber deutlich kleiner als vorher. Für die Teilnehmenden sind es aber genau diese kleineren Folgeproteste, auf denen sie ihre Verbindungen vertiefen und bei denen sich die Gelegenheits-Teilnehmerinnen vom aktivistischen Kern unterscheiden lassen. Und es ist dieser aktivistische Kern, aus dem langfristig soziale Bewegungen entstehen, weil er Vereine gründet, am Thema dranbleibt, Geld für die nächste Demonstration sammelt, sich neue Taktiken überlegt und gegebenenfalls die nächste Protestbewegung unterstützt, in einigen Fällen sogar erfolgreich Parteineugründungen vorantreibt.

In Deutschland ist das mehrfach geschehen: Aus den sozialen Bewegungen der 1980er-Jahre gingen die Grünen hervor, die Sozialproteste der 2000er-Jahre führten zur Gründung der WASG, die in der Partei Die Linke aufging. Nicht selten entstammen Politikerinnen selbst solchen Bewegungen und fühlen sich diesen auch nachdem sie Politik zum Beruf gemacht haben, verbunden. Das ist beispielsweise das Dilemma, in dem Politikerinnen der Grünen sich nach Jahren in der Opposition befinden. Nicht wenige wurden selbst in der Umweltbewegung sozialisiert und wären vor einigen Jahren Teil von Umweltprotesten gewesen, verantworten nun aber selbst Regierungspolitik. In NRW verhandelten sie als Teil der schwarzgrünen Koalition beispielsweise 2022 den Kompromiss mit RWE mit, der zur Räumung des Ortes Lützerath führte. Unter dem Weiler lagen große Kohlevorkommen. Der Energiekonzern ließ die Siedlung im Januar 2023 abreißen, um den

Tagebau auszubauen, während Umweltschutzgruppen das verhindern wollten und versuchten, die Räumung zu blockieren – am Ende erfolglos. Rund 2000 Mitglieder der eigenen Partei unterschrieben daraufhin einen offenen Brief, in dem sie einen Stopp der Räumung forderten: Die Kohle würde nicht benötigt, und sie gefährde den Klimaschutz. Mitglieder der Grünen-Fraktion im Bundestag protestierten öffentlich gegen die Räumung – nachdem sie vorher im Bundestag aus Koalitionsdisziplin zugestimmt hatten. Gerade weil solche Konflikte Parteien unter Druck setzen, haben Aktivistinnen Hebel, um etwas zu bewirken. Bewegungen können hoffen, von ihnen inhaltlich nahestehenden Parteien eher gehört zu werden als von der Politik im Allgemeinen. Manchmal sind außerparlamentarische Proteste aber auch ein willkommener Anlass für die Politik, eigene Ziele durchzusetzen. Denn in der Regel muss sie mühsame Kompromisse schmieden und ist daher für jedes Argument dankbar, das ihr dabei hilft, die präferierte Lösung mit Verweis auf Protestbewegungen und politische Stimmungen leichter durchsetzen zu können. In einer Regierungskoalition können Massenproteste so eine Seite stärken und ihr Handlungsspielräume ermöglichen, die sonst viel enger gezogen wären.

Demonstrationen, offene Briefe und Vereinsgründungen sind sehr unterschiedliche Aktionsformen, die alle unter dem Begriff »Protest« zusammengefasst werden. Die Umgangssprache ist in diesem Fall ziemlich nah an dem wissenschaftlichen Verständnis von Protest. Jillian Schwedler, eine US-amerikanische Politikwissenschaftlerin, fasst Protest beispielsweise als »externalisierten Dissens, auch wenn er ohne die Hoffnung auf Wandel erfolgt«, zusammen.[5] Sie betont, dass Protest auch passiv sein kann, zum Beispiel in Form von Boykotten, und häufig gar nicht ernsthaft hofft, etwas zu verändern – er bleibt in solchen Fällen symbolisch. Dieser Dissens ist gleichzeitig von anderen erkennbar – ein Gedanke, ein verschlossenes Tagebuch oder ein privater Kommentar können keine Form von Protest sein, weil niemand außer dem Absender davon weiß. Erst wenn Dissens öffentlich wird, also wenn man beispielsweise auf einem Protest gegen die Regierung Gesicht zeigt oder einem Staatsakt fernbleibt, handelt es sich auch um politischen Protest.

Auch die Art, wie Menschen protestieren, unterscheidet sich teilweise stark. Sie benutzen zahlreiche kreative Protestformen und interpretieren Erfolge sehr unterschiedlich. Ob ich einen offenen Brief schreibe oder streike, macht einen gewaltigen Unterschied. Obwohl beides Protestformen sind, können sie schlecht gleichgesetzt werden. Das beeinflusst taktische Entscheidungen und die Bedingungen, unter denen Erfolge erzielt werden können: Der offene Brief will Aufmerksamkeit erzeugen und hat vielleicht sein Ziel schon erreicht, wenn über ihn berichtet wird, während der Streik eine Gegenseite an den Verhandlungstisch zwingen und die eigene Verhandlungsposition verbessern will.

Die Art des Protestes wird immer wieder durch neue Technologien bereichert. Die Erfindung des Buchdrucks im 15. Jahrhundert führte dazu, dass erst Bücher und später Zeitungen und Flugblätter in Massen gedruckt werden konnten. Dissidenten konnten nun Manifeste schreiben und teilen. Neue Technologien ermöglichen neue Protestformen, sie gewähren Aktivistinnen aber auch einen Vorsprung gegenüber staatlichen Behörden, die im Umgang damit oft noch nicht geübt sind. Nachdem Chomeini 1965 ins Exil ging, konnten seine Reden im Iran nicht mehr einfach so verbreitet werden. Seine Anhängerinnen umgingen die Zensur, indem sie Audiokassetten mit Chomeinis Reden kopierten und verteilten. Und das Internet ermöglichte in seiner Anfangsphase einen nahezu unkontrollierten Zugang zu Informationen, der weltweit von kritischen Stimmen genutzt wurde. Je größer das Internet wurde, desto wichtiger wurde es als Ort für digitale Proteste. Auf Twitter teilten beispielsweise Frauen ab 2017 unter dem Hashtag #MeToo Erfahrungen sexueller Belästigung und Übergriffigkeit. Sie machten das Ausmaß des Problems deutlich und stießen eine gesellschaftliche Debatte an. Ihre Protestform wurde durch die neuen Technologien erst möglich.

Beim Wort Protest denken vermutlich die meisten als Erstes an Demonstrationen, also an Menschen, die zu einem Thema an einem Ort zusammenkommen. Diese Demonstrationen können spontan sein, ohne Vorbereitung, sie können an einem Ort stattfinden oder beweglich sein. Manchmal gibt es Reden, Manifeste und spezielle Darstellungsformen: Vom Rave bis zur spontanen Theateraufführung sind der Kreativität wenig Grenzen gesetzt. So sehr sich Demonstrationen auch unterscheiden, haben sie zwei Dinge gemeinsam: Sie setzen erstens auf die Botschaft, die gesendet wird, fordern jemanden zum Handeln auf, und betonen zweitens die eigene Gruppengröße, um ihre Wichtigkeit zu beweisen. Teilnehmerinnenzahlen sind die harte Währung, mit der Demonstrationen zeigen, dass sie wichtig sind. Wer demonstriert, will in der Regel ein Zeichen setzen, und dieses Zeichen soll von möglichst vielen Menschen gesehen werden. Das Zeichen soll aber auch richtig verstanden werden, deswegen ist die Klarheit der Botschaft und der Adressaten wichtig. Wer soll zum Handeln aufgefordert werden? Das lässt sich beispielsweise am Ort erkennen, indem beispielsweise eine Demonstration zu außenpolitischen Themen vor dem Auswärtigen Amt stattfindet, eine Demonstration zur Kommunalpolitik aber eher vor dem lokalen Rathaus.

Aber selbst Proteste mit ganz klar formulierten Zielen, die einen großen Rückhalt in der Bevölkerung haben, können scheitern, und das liegt ganz wesentlich an der strategischen Logik von Protesten. Das Beispiel Hongkongs in Kapitel 3 zeigt, wie ein großer Teil der Bevölkerung protestierte, aber letztlich daran scheiterte, dass die lokale Regierung nur wenig Macht hatte. Die eigentlichen Entscheidungsträger in Peking, auf dem chinesischen Festland, konnten die Proteste weitgehend aussitzen. Wenn die Mehrheit gar nicht entscheiden kann oder wenn die Regierung weit weg sitzt, dann bringt es weniger, eine Mehrheit zu mobilisieren.

Damit Proteste nicht im Sande verlaufen und um mit dem langatmigen Staat mithalten zu können, bilden sich soziale Bewegungen. Diese agieren nicht nur auf der Straße. Sie bilden NGOs und Lobbygruppen, sie suchen Verbündete in Parteien und in der Justiz, sie versuchen, ihren Einfluss auf möglichst vielen Ebenen geltend zu machen. Der Begriff »soziale Bewegung« wird deswegen in der Protestforschung eher eng gefasst: Erst wenn sie sich verstetigt, eine gemeinsame Identität schafft, wenn sich Verbände gründen und Organisationsformen entstehen, wird aus dem Protest eine Bewegung. Und diese kann in Einzelfällen Jahrhunderte überdauern – man denke nur an die Arbeiter- und Frauenrechtsbewegung, die ihre Ursprünge im 19. Jahrhundert haben. Beide engagierten sich für politische und soziale Rechte. Von ihren Ursprüngen in kleinen Vereinen und Konferenzen über ihr Engagement in Massenprotesten und Parteien bis zu den Gewerkschaften und Verbänden, die teils bis heute existieren, war es ein weiter Weg. Trotz Erfolgen wie der Einführung eines Wohlfahrtstaates und des allgemeinen Wahlrechts kämpften sie weiter.

Durch ihr langfristiges Engagement haben solche Bewegungen das Potenzial, die politische Landschaft zu verändern. Das kann etwa durch einen »Marsch durch die Institutionen«, wie ihn der 68er Rudi Dutschke formulierte, erfolgen, also zum Beispiel durch den Eintritt in Parteien oder die Arbeit als Lehrer, um so Einfluss auf Wahlprogramme oder Lehrinhalte zu nehmen und Institutionen von innen heraus zu verändern. Denn selbst bei sehr strengen Regeln und Vorgaben bleiben Ermessensspielräume. Und es kann eben einen Unterschied machen, wenn im Bundesamt für Migration und Flüchtlinge ein Rechtsextremer arbeitet. Was im Extremfall eine Unterwanderungsstrategie von Verfassungsfeinden ist, kann häufig auch legitimes Engagement von sozialen Bewegungen sein, die ihre politischen Ziele in Kirchen, Gewerkschaften und an ihre Arbeitsplätze tragen. Oder sie können diese auch durch erfolgreiche Parteigründungen verfolgen – die SPD etwa, die als älteste Partei Deutschlands aus der Arbeiterbewegung hervorging, prägt die deutsche Politik seit Ende des 19. Jahrhunderts. Bereits damals vertrat sie die Interessen der Arbeiterschaft und zwang den damaligen Kanzler Bismarck, wirklich kein Freund linker Ideen, zur Einführung sozialer Reformen, von denen wir teilweise bis heute profitieren.

Besonders erfolgreiche Beispiele für solche dauerhaft aktiven sozialen Bewegungen finden sich auch in Deutschland, wo die Umweltbewegung seit den 1980er-Jahren enorm gewachsen ist. Mit Fridays for Future entstand sogar eine »neue« Umweltbewegung, die auf eine nicht unerhebliche Unterstützungsbasis »alter« Umweltbewegungen aufbauen konnte. Hervorgegangen aus der Schulstreik-Aktion Greta Thunbergs, unterstützten bald zahlreiche andere Akteure die Proteste. In Gruppen wie Scientists for Future, Parents for Future, Sports for Future und Church for Future schlossen sich Unterstützerinnen aus Wissenschaft, Elternnetzwerken, dem Sport und den Kirchen zusammen. Am 20.9.2019 nahmen laut Fridays for

Future 1,4 Millionen Menschen in Deutschland am sogenannten Klimastreik teil, die längst nicht alle Schüler waren. Möglich wurde das, weil sich auch Gewerkschaften, Parteien, Verbände und Prominente dem Aufruf anschlossen. Diese Bündnisse ermöglichten es, maximal viele Menschen zu erreichen – auch weil viele Aktivisten in mehreren Bewegungen aktiv waren, sich beispielsweise gleichzeitig als Klimaschützerinnen und in Gewerkschaften engagierten und so ihre Netzwerke für den Klimastreik mobilisieren konnten. Gleichzeitig wurde es hierdurch schwieriger, einheitliche Positionen zu vertreten. Dass sich immer mehr andere Gruppen gründeten, etwa Extinction Rebellion und die Letzte Generation, die auf ein schnelleres Vorgehen und direkte Aktionen statt Massenproteste setzten, gehört zur Entwicklung sozialer Bewegungen dazu.

Wenn Proteste radikal werden, fällt früher oder später der Begriff der Revolution. Revolutionen im allgemeinen Sinne sind oft einfach Umstürze. Jeder erzeugte Regierungswechsel könnte einer sein. Eine Revolution im engeren Sinne ist jedoch viel mehr: ein umfassender politischer und sozialer Wandel. Solche Revolutionen sind recht selten. Denn sie begnügen sich nicht mit dem bloßen Umsturz, sondern haben viel umfassendere Ziele, wollen den Staat radikal umbauen und die Sozial- und Wirtschaftsstruktur verändern. Manche Forscherinnen sprechen gerade einmal von einer Handvoll Revolutionen, andere listen ein paar Dutzend. Je nachdem, nach welchen Kategorien sie vorgehen, reicht der Umsturz, um von einer Revolution zu sprechen. Wenn die Regierung abtritt, mit den alten Eliten abgerechnet wird und neue an die Macht kommen, reicht das bereits, um gemäß dieser Definition von einer »Revolution« zu sprechen. Dem gegenüber stehen deutlich strengere Definitionen, die nur von einer »Revolution« sprechen, wenn nach dem Regimewechsel auch die Gesellschafts- und

Wirtschaftsordnung umgebaut wurde und die alten Eliten in *allen* Bereichen entmachtet wurden – etwas, das deutlich seltener der Fall war und ist.

Solch radikale Ziele wollen gut überlegt sein und erzeugen massive Gegenreaktionen, im Land selbst und in Nachbarländern. Revolutionen wollen häufig exportiert werden, sie sind dann globale Ereignisse, auf die auch weltweit reagiert wird. Und Revolutionen sind selten vorhersehbar, auch wenn es zahlreiche Theorien dazu gibt, wann sie entstehen. Das Beispiel Sudan in Kapitel 5 verdeutlicht beides: wie eine massive, mehrheitlich von Frauen gestützte soziale Bewegung den Umsturz des Diktators Omar al-Baschir herbeiführte und den Militärs immer wieder trotzte, für einen echten Wandel zur Demokratie kämpfte. Und wie schließlich die Gegenreaktion der Militärs eskalierte und zum Bürgerkrieg führte, der eine der weltweit schlimmsten humanitären Katastrophen verursachte.

Gleichzeitig bleibt die sudanesische Zivilgesellschaft trotz Krieg und Hungernot aktiv. Wenn Krieg ausbricht oder wenn Polizei und Militär hart gegen Proteste durchgreifen, bleibt oft keine Möglichkeit für weitere öffentliche Proteste. Gewalt allein, das zeigen zahlreiche historische Beispiele, beendet politische Probleme nicht – sie verdrängt sie nur für eine Zeit. Wer unzufrieden ist, sucht sich in solchen Phasen andere Arten, die Unzufriedenheit auszudrücken. Die Forschung zum politischen Widerstand setzte genau hier an und zeigte bereits in den 1980er-Jahren, wie Sabotage und Steuerhinterziehung politische Akte sein können und unbeliebte Staaten schwächen. Als »Nicht-Bewegung« bezeichnete Asef Bayat[6] diese Form des Aktivismus. Sie ist zu schwach, um öffentlich gezielte Forderungen zu erheben oder einen Umsturz herbeizuführen. Sie kann aber Machthabende erheblich schwächen und symbolisch die Grenzen ihrer Macht aufzeigen.

Denn die Macht des Staates beruht nicht unwesentlich darauf, dass sich von ihm Enttäuschte als Minderheiten fühlen und ein Systemwechsel unmöglich scheint. Solange sie denken, dass die stille Mehrheit das bestehende System stützt, ist offener Protest wenig erfolgversprechend. Die Frauen im Iran, die sich dem Kopftuchgebot widersetzen, bringen damit auch das Bild des übermächtigen Staates ins Wanken. Denn dieser kann sie nicht einfach so unter Kontrolle bringen, was seine Legitimationskrise sichtbar macht. Symbolischer Widerstand, der deutlich macht, dass die Unterstützung für das System kleiner ist als gedacht, kann das Bild des mächtigen Staates ins Wanken bringen und so künftige Proteste befördern. Und ebendiese offensichtliche Schwäche des Staates kann andere Protestierende motivieren, ihn an anderen Stellen zu anderen Themen herauszufordern.

Zum existenziellen Problem wird es für den Staat dann, wenn er nicht mehr in der Lage erscheint, ein Ventil für die Wut zu finden. Wenn Menschen an Wahlen teilnehmen, demonstrieren oder in Medien diskutieren können, können sie Unzufriedenheit in einem kontrollierten Rahmen äußern. Wenn das nicht mehr möglich ist, finden sie unkontrollierbare, radikalere Wege. Das gilt ganz grundsätztlich für Autokratien wie für Demokratien. Länder wie China und der Iran haben eine hohe Anzahl an Protesten.

Proteste können als politisches Ventil für Unzufriedenheit dienen, sie können aber auch eine Art Frühwarnsystem sein: Ein Thema, zu dem besonders viel protestiert wird, scheint politisch besonders brisant zu sein und sollte schneller auf die Agenda gesetzt werden. Gerade wenn es keine freie Meinungsbildung gibt, sind Autokraten darauf angewiesen, über andere Kanäle herauszufinden, welche politischen Probleme dringend sind. Wo die Presse nicht frei berichten kann und wo Wahlen nicht den Wählerwillen abbilden, können Demonstrantinnen ihre Meinung von der Straße rufen. Von solcher *autokratischer Partizipation* profitieren also Machthaber, solange ihre eigene Position nicht gefährdet ist.[7]

Als Instrument der Meinungsbildung spielen Proteste auch in der Demokratie eine wichtige Rolle. In Autokratien profitieren Machthaberinnen davon, wenn Menschen sich einbringen können, ohne dass es etwas an dem bestehenden Matcht- und Gesellschaftsgefüge ändert. In Demokratien aber ist Partizipation nicht nur Mittel zum Zweck, sondern explizites Verfassungsziel. Und deswegen soll die Macht geteilt werden. Menschen sollen Politik beeinflussen, sonst wäre es keine Demokratie. Mehr noch: Demokratietheoretiker machen sich schon immer Sorgen um die große Macht des Staates und finden Wege, diese Macht zu kontrollieren und aufzuteilen, damit nicht eine Person über alle anderen entscheiden kann. Und Proteste sind ein Weg, die Macht des Staates zu kontrollieren. Deswegen schützen Demokratien politischen Protest als Grundrecht.

Das tut das Grundgesetz gleich an mehreren Stellen, und zwar für verschiedene Formen des Protestes. Demonstrationen sind durch den Artikel 8 geschützt: »Alle Deutschen haben das Recht, sich ohne Anmeldung oder Erlaubnis friedlich und ohne Waffen zu versammeln.« Dieses Recht kann eingeschränkt werden, wenn eine Gefahr für die öffentliche Ordnung besteht, aber es gibt sehr enge Vorgaben, wann das genau möglich ist. Solange Demonstrierende keine Waffen mitnehmen oder anders Gewalt ausüben, schützt das Grundgesetz sie. Eine Demonstration zu verbieten oder aufzulösen stellt eine schwere Beeinträchtigung der Versammlungsfreiheit dar. Behörden brauchen also sehr gute Gründe dafür. Denn neben dem Grundgesetz schützen auch die Landesverfassungen, die

EU-Grundrechtecharta, die EU-Menschenrechtskonvention und sogar die Allgemeine Menschenrechtserklärung der Vereinten Nationen die Versammlungsfreiheit, unabhängig von der Nationalität.*

Wenn also Coronaleugner mitten in der Pandemie Proteste ankündigten, konnte ihnen das nicht einfach so verboten werden, auch wenn es wegen des Virus ein öffentliches Interesse daran gab, Menschenansammlungen zu verhindern. Und auch wenn öffentlich über ein hartes Vorgehen gegen die Letzte Generation diskutiert wird: So einfach umsetzen lässt sich das nicht, wie wir in Kapitel 7 sehen werden.

Auch andere Protestformen sind geschützt, beispielsweise das Streikrecht. Offene Briefe sind durch das Recht auf Meinungsfreiheit geschützt. Zivilgesellschaftliches Engagement kann sich auf das Recht auf Vereinigungsfreiheit berufen. Wer also protestieren will, ist nicht auf die Gnade der Behörden angewiesen, sondern kann auf seine Rechte bestehen und diese auch einfordern. Sollten die Behörden im eigenen Bundesland das anders sehen, bleibt immer der Gang vor das Verfassungsgericht oder den Europäischen Gerichtshof. Solange sich Pro-

---

* Die Allgemeine Erklärung der Menschenrechte von 1948 ist rechtlich nicht bindend, sie erfasst aber das Recht auf Versammlungs- und Vereinigungsfreiheit (Artikel 20) und auf Meinungs- und Informationsfreiheit (Artikel 19). Der UN-Zivilpakt von 1976 bestätigt diese Rechte und wurde von den meisten Staaten unterzeichnet. Er garantiert Meinungs- (Artikel 19), Versammlungs- (Artikel 21) und Vereinigungsfreiheit (Artikel 22). Noch ausführlicher formuliert es die Europäische Menschenrechtskonvention, die auch den Staaten enge Grenzen vorschreibt, unter welchen Umständen diese Rechte eingeschränkt werden dürfen (Artikel 11). Das ist wichtig: Selbst in Ländern, wo Behörden Protest verbieten, können sich Menschen auf ihre Menschenrechte berufen. So können sie die Legitimität ihres Handelns begründen und die Menschenrechtsverletzungen der eigenen Regierung international anprangern.

testierende friedlich verhalten und auch keine Gesetze brechen durch beispielsweise volksverhetzende Aussagen oder die Beschädigung fremden Eigentums, schützt das Recht sie.

Was aber, wenn das geltende Recht selbst illegitim ist? Während der Segregation in den USA beispielsweise durften Schwarze und nicht-*weiße* Amerikanerinnen sich im öffentlichen Raum nicht frei bewegen, sie mussten andere Schulen und Krankenhäuser besuchen. Sogar Toiletten, Wasserspender und Busse waren nach Hautfarben getrennt. Unter dem »Separate but equal«-Grundsatz genossen sie zwar theoretisch dieselben Rechte wie *weiße* Amerikaner, aber mit strengen Auflagen, wo sie diese ausüben konnten. Das zementierte und verschärfte die ohnehin historische Ungleichheit von Schwarzen und *Weißen*, wenn beispielsweise Institutionen für Schwarze viel schlechter finanziert wurden.

In der Bürgerrechtsbewegung der 1950er- und 1960er-Jahre wurde die Überwindung dieser illegitimen Gesetze gefordert. Die Bewegung skandalisierte diese Ungerechtigkeit durch gezielte Rechtsbrüche, indem sie sich über die vorgeschriebene Segregation hinwegsetzte. Das berühmteste Besipiel hierfür ist Rosa Parks. Die Afroamerikanerin fuhr am 1. Dezember 1955 Bus, als ein *weißer* Passagier sie und einige andere Passagiere aufforderte, ihren Platz zu räumen. Rosa saß in der fünften Reihe – die erste Reihe, in der Afroamerikaner:innen nach geltendem Recht damals sitzen durften. Allerdings musste die komplette Sitzreihe von Nicht-*Weißen* geräumt werden, sobald ein einziger *Weißer* hier sitzen wollte. Die anderen Schwarzen Mitfahrenden machten die Reihe frei, doch die damals 42-jährige Schneiderin weigerte sich aufzustehen und ihren Sitzplatz für einen *weißen* Passagier zu räumen. Der Busfahrer rief daraufhin die Polizei. Rosa Parks wurde wegen Störung der öffentlichen Ruhe festgenommen und zu einer Strafe von zehn

Dollar und vier Dollar Gerichtskosten verurteilt. Mit ihrer Aktion inspirierte sie den Montgomery Bus Boycott, bei dem die Schwarze Bevölkerung Montgomerys weitgehend auf Busse verzichtete und die Trennung in Bussen letztlich erfolgreich beenden konnte, und wurde zur Ikone der Bügerrechtsbewegung.

Rosa Parks Handeln ist ein Beispiel für zivilen Ungehorsam, der nicht das verbriefte Recht auf Protest in Anspruch nimmt, sondern bewusst Gesetze bricht. Ziviler Ungehorsam beruft sich dabei auf höhere Prinzipien: Die Segregation in den USA war illegitim, weswegen der Rechtsbruch das kleinere Übel darstellte im Vergleich zum Unrecht der bestehenden Gesetze. Während Demonstratierende sich auf das Recht berufen, geht es bei zivilem Ungehorsam um Gerechtigkeit. Deswegen findet ziviler Ungehorsam häufig mit einem großen moralischen Überbau statt. Mahatma Gandhis Satyagraha legte eine vollständige Philosophie dar, die moralisch argumentierte. Gewaltlosigkeit ist nur ein kleiner Teil davon. Gandhi unterschied beispielsweise Gewaltlosigkeit aus Schwäche, weil etwa Waffen nicht verfügbar sind, von Gewaltlosigkeit aus Stärke, die aufgrund moralischer Prinzipien auf Gewalt verzichtet. Der Weg dahin war gekennzeichnet von stetiger Selbstverbesserung – seine Schüler legten zahlreiche Gelübde ab, nahmen an Trainingslagern teil und richteten ihr Leben an seinen Lehren aus. Auch dass die Bürgerrechtsbewegung in den USA stark von Predigern geprägt wurde, hängt mit dem hohen Anspruch an sie zusammen. Wer sich über Gesetze hinwegsetzt und dabei gleichzeitig die öffentliche Meinung zu seinen Gunsten beeinflussen will, benötigt einen solchen moralischen Überbau, um sein Handeln zu legitimieren.

Das gilt umso mehr, wenn die Protestierenden zu einer Minderheit gehören, die eine Mehrheit überzeugen muss. Schwarze machten 1960 nur etwa ein Zehntel der US-Bevölkerung aus, während 88,6 % der Bevölkerung *weiß* waren. Diese standen ihren Forderungen erst einmal skeptisch gegenüber. Warum sollten sie schließlich auf Gesetze verzichten, von denen sie profitierten? Die Schwarze Bevölkerung musste also die öffentliche Meinung durch eine positive Medienberichterstattung erst auf ihre Seite ziehen. In einer Studie über den Zeitraum von 1960 bis 1972 fand der Politikwissenschaftler Omar Wasow heraus, dass friedliche Proteste in Wahlen zu 1,6–2,5 Prozent mehr Wahlstimmen für die Demokraten führten, die damals für eine Verbesserung der Bürgerrechte warben, während gewaltsame Proteste zu 1,5–7,9 Prozent mehr Stimmen für die Republikaner führten. Er erklärt dies damit, dass friedliche Proteste zu mehr Berichterstattung über Bürgerrechte führten, selbst wenn der Staat mit Gewalt auf Proteste reagierte. Wenn die Protestierenden zu Opfern der Staatsgewalt wurden, half ihnen das, weil die Berichterstattung umfangreicher ausfiel und moderate *Weiße* überzeugten konnte. Wenn die Protestierenden dagegen Gewalt einsetzten, sprach die Presse vor allem über Unruhen und die öffentliche Ordnung, was die moderaten *Weißen* abschreckte.[8]

Um gewaltfrei zu bleiben, selbst wenn der Staat massive Gewalt anwendet, ist ein hohes Maß an Disziplin notwendig. Wenn auf Demonstrierende geschossen wird, Hunde auf sie losgeschickt werden oder Schlagstöcke Knochen brechen, entsteht schnell Panik, die Gegengewalt auslösen kann. Protestbewegungen verhindern das, indem sie Gewaltfreiheit ideologisch verankern oder Techniken üben, um selbst in Stresssituationen einen kühlen Kopf zu behalten. Das heißt aber auch: Friedlicher Protest und ziviler Ungehorsam entstehen selten spontan, sie brauchen Planung, Organisation und Anführer. Sie brauchen Zeit. Je größer die Bewegung wird, desto höher auch der Aufwand. Welche Strategie und welches Vorgehen eine Bewegung wählt, hängt oft davon ab, ob sie diesen Organisationsaufwand stemmen kann.

Und nicht jeder Protest legt es darauf an, um jeden Preis sein Ziel zu erreichen. Oft reicht es, einem Gefühl Ausdruck zu verleihen: Wut über eine Politik, Entsetzen über eine Krise, Trauer über einen Krieg. Von den Protesten im Iran 2022 ist mir ein Video besonders in Erinnerung geblieben. Zwei junge Frauen ohne Hijab boten darin Fußgängern in Teheran »Umarmung für eine trauernde Nation« an – so der Text auf ihrem Schild. Öffentliche Umarmungen zwischen Männern und Frauen verletzen die Sittenregeln im Iran ebenso wie das Ablegen des Kopftuches. Unabhängig von dieser politischen Botschaft gaben sie mit ihrer Aktion einem Gefühl Ausdruck, das sich in der Gesellschaft angesammelt hatte durch den kollektiven Schmerz über durch Sicherheitskräfte getötete und gefolterte Menschen. Ähnliche Aktionen finden sich auch in anderen Protesten. Mahnwachen und Solidaritätsproteste richten sich häufig eben nicht an den Staat, sondern an Mitmenschen. Sie signalisieren Gemeinsamkeiten oder einen Zusammenhalt. Wer gegen Rassismus oder Antisemitismus auf die Straße geht, hat oft keine konkrete Forderung an den Staat, sondern will vor allem Betroffenen signalisieren, dass sie nicht allein dastehen – und den Rassistinnen und Antisemiten in der Gesellschaft, dass es Widerspruch gibt.

Gerade weil Protest so vielfältig ist, kann man sich eine Welt ohne Protest nur schwer vorstellen. Denn die Herausforderungen, Krisen und Themen, die er anspricht, sind es auch – und selbst wenn eine Krise bewältigt wird oder ein Thema nicht länger relevant ist, wird es durch neue ersetzt werden. Die perfekte Gesellschaftsform, in der alle zufrieden sind und es kontinuierlich bleiben, gibt es nicht. Und Politiker werden immer

Fehler machen. Selbst die wohlmeinendsten und geschicktesten Politikerinnen sind menschlich und können sich irren und damit Widerspruch erzeugen. Wo es menschliche Gesellschaften gibt, wird es vermutlich auch immer Proteste geben. Selbst wenn Protest unterdrückt oder kriminalisiert wird, sucht er sich neue Wege. Wo Menschen unzufrieden sind, werden sie es früher oder später auch zeigen. Deswegen suchen auch die schlimmsten Autokratien nach Wegen, für diese Gefühle und Widersprüche ein (kontrolliertes) Ventil zu bieten, anstatt sie zu verbieten – und tolerieren unter Umständen Sozialproteste, die die Machtfrage nicht stellen, oder Proteste gegen in Ungnade gefallene, korrupte Mitglieder der Eliten. So entstehen Routinen im Umgang miteinander. Protestierende überraschen aber auch immer wieder mit neuen, kreativen Methoden. Und immer dann, wenn selbst Experten überrascht sind, wird es besonders spannend, sich mit Protest zu befassen, wie wir in den nächsten Kapiteln noch sehen werden.

3

Was bringt ziviler Ungehorsam?
Die Kopftuchproteste im Iran

Eigentlich war ich nur auf der Suche nach etwas zu essen in diesem Kaufhaus im schickeren Norden Teherans. Da fiel sie mir
auf – eine Frau, die allein nahe den Restaurants saß und ruhig
ihre Mahlzeit verspeiste. Sie fiel mir nicht auf, weil ich hung-
rig war und sie eine Mahlzeit vor sich hatte – was genau sie aß,
registrierte ich gar nicht –, sondern weil etwas anderes meine
Aufmerksamkeit erregte: Sie trug beim Essen kein Kopftuch.
Und das an einem öffentlichen Ort – im Iran, wo restriktive Sittengesetze, die es Frauen verbieten, sich ohne Kopftuch in der
Öffentlichkeit zu zeigen, seit Jahrzehnten durchgesetzt werden.
Das Ganze ereignete sich Anfang Oktober 2018. Erst wenige
Monaten zuvor war eine Protestwelle brutal unterdrückt worden und die Stimmung im Lande entsprechend niedergeschlagen. Der Staat hatte fürs Erste gewonnen. Meine Freunde, denen ich von der Frau erzählte, reagierten daher ungläubig.
Zwar setzten Frauen auch im öffentlichen Raum immer wieder
das Kopftuch ab, wenn sie außer Sichtweite waren, zum Beispiel in ein Auto stiegen oder durch eine unbeobachtete Ecke
in einem Park liefen. Oder sie banden es eher locker, legten die
Kleidungsregeln legerer aus, ohne sie direkt zu brechen. Aber
es ließ sich bis dahin eigentlich niemand in der Öffentlichkeit
ohne blicken – zu groß war die Angst vor Konsequenzen. Mir
blieb die Frau im Kaufhaus daher umso mehr in Erinnerung,

denn das war kein öffentlicher feministischer Protest, sondern eine beiläufige Alltagshandlung – mit potenziell dramatischen Konsequenzen.

Es war schließlich noch nicht ganz ein Jahr her, dass Vida Movahed in der Enghelab-Straße in Teheran auf einen Stromkasten geklettert war, ihr Kopftuch an einen Stock gebunden hatte und diesen wie eine Flagge schwenkte. Ihr Bild ging um die Welt, verbreitete sich in sozialen Medien und fand Nachahmerinnen: Eine Handvoll Frauen schlossen sich im Laufe des Jahres ihrer Protestform an, nahmen ihr Kopftuch ab, während sie auf Verteilerkästen stiegen – und wurden, wie Vida Movahed, prompt verhaftet. Zu keinem Zeitpunkt schien es jedoch so, als würden mehr als einige wenige Feministinnen öffentlich das Kopftuch ablegen – zu groß war der politische Druck, zu gefährlich die möglichen Folgen. Neben Geldstrafen drohten ihnen auch Verhaftungen.

Bis Jina Mahsa Amini im September 2022 in Polizeigewahrsam starb. Und Frauen im ganzen Land gleichzeitig ihr Kopftuch abnahmen und sich widersetzten – ungeachtet der Sittenregeln im Land, ungeachtet der Strafen und Repression, die diese Handlung zur Folge haben könnte. Der Staat wollte diesen Widerstand gern schnell im Keim ersticken, doch es gelang ihm nicht. Was hier geschah, unterscheidet sich von den meisten Dynamiken, um die es in den nächsten Kapiteln gehen wird. Die Frauen, die nun ihr Kopftuch ablegten, taten dies nicht organisiert. Sie waren in der Regel nicht miteinander vernetzt, taten es nicht im Rahmen von größeren Protesten, als Ergebnis einer sozialen Bewegung oder gar um Brüche innerhalb des Systems zu provozieren und einen Regimewechsel zu erwirken. Was sie antrieb, war vor allem eins: Empörung. Sie nahmen ihr Kopftuch ab, weil sie es abnehmen wollten, und schafften dadurch kollektiv neue Tatsachen. Ihr Handeln schaffte die

Sittengesetze nicht ab, aber es setze sie de facto außer Kraft – nicht weil die Politik sich verändert hatte, sondern weil sie schlicht nicht damit hinterherkam, ihre Regeln durchzusetzen.

Das Abnehmen des Kopftuches war ein Akt zivilen Ungehorsams. Und genau darum soll es in diesem Kapitel gehen.

Ziviler Ungehorsam unterscheidet sich von Demonstrationen. Im Vordergrund steht nicht die Bevölkerungsmehrheit, die von etwas überzeugt werden soll, oder die Erfahrung, im Kollektiv vereint zu sein. Sondern es geht um das Individuum, das durch eine relativ kleine Handlung überproportional viel Aufmerksamkeit erzeugt. Wenn eine Demonstration zeigen soll, wie wichtig einer Minderheit ein politisches Thema ist, dann geht der zivile Ungehorsam noch einen Schritt weiter: Eine einzelne Person oder eine kleine Aktionsgruppe will ein Zeichen setzen und aufrütteln. Die Mehrheit soll gar nicht überzeugt werden, sondern eher Tatsachen geschaffen oder ein sofortiger Handlungsdruck auf die Politik erzeugt werden. Um das zu erreichen, bricht ein Individuum oder eine Gruppe bestehende Gesetze. Denn anders als die Demonstration beruft sich ziviler Ungehorsam nicht auf das Grundrecht auf Versammlungsfreiheit. Die Argumentation lautet nicht, dass ihr Handeln legal ist, sondern: dass das gebrochene Gesetz ungerecht ist.

Wenn es nicht möglich scheint, eine größere Gruppe von Menschen zu mobilisieren, dann bleibt oft nur der Ungehorsam. Es kann zum Beispiel sein, dass mein Thema gerade nicht genug Menschen interessiert, um eine Demonstration veranstalten zu können. Dann kann ich durch Akte zivilen Ungehorsams vielleicht dennoch etwas bewirken. Es kann aber auch sein, dass Demonstrationen in dem Land, in dem ich lebe, grundsätzlich oder momentan verboten sind – weil der Staat autokratisch ist oder auf dem Weg dahin und Demonstrationen hart bestraft oder generell politisches Engagement erschwert. Wenn ich keine Gruppen bilden kann, ohne Spionage und schwere Haftstrafen zu befürchten, bleibt oft nur der einsame Protest. Ebenso kann es sein, dass Demonstrationen für ein politisches Thema nicht das richtige Mittel sind. Wenn Geflüchtete im Mittelmeer ertrinken, wird eine Demonstration daran wenig ändern. Die Seenotrettung hingegen hilft direkt. Oder nehmen wir das Beispiel Rassismus. Während der Rassentrennung in den USA war jeder Bruch mit den Rassengesetzen eine Form des zivilen Widerstandes, egal, ob sich jemand in das falsche Abteil im Bus setzte oder eine Beziehung mit einer Person anfing, die die »falsche« Hautfarbe hatte. Das mag zwar illegal gewesen sein, weil die zugrunde liegenden Gesetze aber ungerecht waren, ist es moralisch vertretbar, wenn nicht sogar notwendig, diese Gesetze zu brechen.

Was genau kann also alles als ziviler Ungehorsam gelten? Diese Frage ist gar nicht so einfach zu beantworten. Denn ziviler Ungehorsam hat ein großes Definitionsproblem: Wo er Gesetze bricht, kann er theoretisch immer mit Kriminalität verwechselt werden. Diese Frage haben wir in Deutschland in den letzten Jahren immer wieder hitzig diskutiert, wenn es um die Aktionen der Letzten Generation ging. Eine Straße zu blockieren ist illegal. Der Grund, warum jemand dies tut, macht aber einen Unterschied: Geschieht es aus Fahrlässigkeit oder der Freude an Vandalismus, dann ist diese Handlung nicht politisch. Wenn jemand damit jedoch beispielsweise auf den Klimawandel aufmerksam machen will, ist dieselbe Handlung politisch. Nun hat aber nicht nur die Letzte Generation Straßen blockiert, sondern 2024 auch die Bauern, um ihren Unmut über die Subventionskürzungen der Ampel-Regierung kundzutun. Dass beide Straßenblockaden immer wieder unterschiedlich beurteilt wurden, dass konservative Medien und

Politikerinnen bei der Letzten Generation etwa auch schon einmal von der »Klima-RAF« sprachen, während sie bei der Bauernschaft eher bereit waren zuzuhören und ihre Anliegen ernst zu nehmen, zeigt deutlich, wie umstritten die Bewertung der Protestform ist. Die unterschiedliche Bewertung kommt daher, dass verschiedene Kriterien angelegt werden. Im einen Fall wird rein juristisch geurteilt, also geschaut, ob der Protest legal ist (meistens bei der Protestgruppe, die einem selbst politisch fremder ist), und im anderen Fall wird ausschließlich darüber geurteilt, ob der Protest politisch legitim ist (und das wiederum eher bei der Protestgruppe, die einem politisch nähersteht). Ob ich nun Bauern oder Klimaaktivisten grundsätzlich sympathischer finde, ist kein besonders objektives Kriterium dafür, ob es sich dabei um legitimen Protest oder einen kriminellen Akt handelt.

Jürgen Habermas hat sich bereits 1983 mit genau diesem Problem zivilen Ungehorsams beschäftigt und diesen folgendermaßen definiert: Der Protest sei moralisch begründet und nicht privat, er sei öffentlich und verletze absichtlich Gesetze, akzeptiere aber die rechtlichen Folgen für den Rechtsbruch, weil er letztlich symbolisch und friedlich sei und damit das Rechtssystem im Ganzen nicht ablehne.[1] Habermas gab hier enge Grenzen für zivilen Ungehorsam vor. Ihn interessierten nämlich Proteste in demokratischen Rechtsstaaten, die Veränderungen innerhalb des bestehenden Systems erwirken wollen.

Dass Habermas die Anerkennung des Systems an sich hervorhebt, liegt daran, dass es ihm um Demokratien geht. Blickt man jedoch über diese hinaus, leuchtet dieses Kriterium weniger ein: Als Mahatma Gandhi gegen den britischen Kolonialismus aufbegehrte, lehnte er nicht nur einen bestimmten Missstand ab, sondern das Machtsystem als Ganzes. Als er mit

Hunderten Inderinnen zum sogenannten »Salzmarsch« aufbrach, wollte er nicht nur gegen die neue Salzsteuer der Briten protestieren, die die Lokalbevölkerung belastete. Dass sie zum Meer wanderten, ihr eigenes Salz herstellten und so das britische Steuersystem umgingen, war eher ein Nebeneffekt. Er wollte damit vor allem die britische Kolonialherrschaft an sich infrage stellen, die er als illegitim ansah. Und auch die Iranerin Vida Movahed, die 2017 ihr Kopftuch abnahm, tat das eben nicht in einem demokratischen Rechtsstaat. Sie tat es in einer Autokratie, die nur sehr eingeschränkte politische Handlungsmöglichkeiten zuließ. Sie konnte dort nicht an einer Volksabstimmung zu den Sittengesetzen teilhaben oder in Wahlen eine Partei unterstützen, die die Sittengesetze ablehnte, da wirklich freie und faire Wahlen nicht existierten. Sie widersetzte sich einer geltenden Regel, weil sie diese für illegitim hielt – und weil ihr kaum andere Möglichkeiten blieben, dem auf eine erlaubte Art Ausdruck zu verleihen.

Wie bedeutsam genau solche Akte sind, wenn die Ausdrucksmöglichkeiten ansonsten beschränkt sind, zeigte der politische Anthropologe James Scott auf. Sein bekanntestes Werk, *Weapons of the Weak*, befasst sich mit der Frage, wie sich die Schwächsten der Gesellschaft gegen Machthabende wehren. Denn nur weil niemand öffentlich protestiert, heißt das nicht, dass die meisten mit dem politischen System zufrieden sind. Vielmehr wehren sich die Menschen häufig auf stillere Art und Weise, im Privaten und Kleinen: Indem sie beispielsweise nicht mit Behörden kooperieren, Waren boykottieren oder Gerüchte streuen. Scott, der dazu in einem malaysischen Dorf geforscht hatte, stellte fest, dass die Landbevölkerung zu schwach war, um den Staat öffentlich und direkt herauszufordern. Sie fand immer wieder kreative Wege, ihren Unmut zu verdeutlichen und auf Ungerechtigkeiten zu reagieren – indem sie still und heimlich dem Staat das Leben schwer machte. Heimlich verbreitete Gerüchte über Machthaber zum Beispiel konnten deren Ruf ruinieren, ohne dass diese jemanden dafür verantwortlich machen konnten.[2]

Ein solcher politischer Widerstand mit den »Waffen der Schwachen« erfüllt die Habermas'schen Kriterien für zivilen Ungehorsam nicht, ihm fehlt jede Öffentlichkeit und das Vertrauen in ein bestehendes System. Die Parallelen sind trotzdem eindeutig: Es werden geltende Gesetze absichtlich verletzt, aus moralischen Gründen, und in viel kleineren Gruppen als soziale Bewegung gehandelt, oft aber als Individuen. Unabhängig davon, ob eine Aktivistin zivilen Ungehorsam oder politischen Widerstand leistet: In beiden Fällen drückt sie ihre Kritik an Gesetzen, die sie für illegitim hält, aus. Und kann so indirekt das System als Ganzes schwächen. Asef Bayat bezeichnet solche Dynamiken auch als eine »Nicht-Bewegung«: Zwar finden unzufriedene Menschen Wege, sich Freiräume zu erkämpfen, häufig im Privaten oder im Lokalen, aber sie schrecken davor zurück, mit ihrem Widerspruch in die Öffentlichkeit zu gehen.[3]

Was Scott und Bayat beschreiben, fand im Iran bereits kurz nach der Revolution von 1979 statt, als die Sittengesetze eingeführt wurden. In den 1980er-Jahren bauten die Islamisten um Chomeini ihre Macht aus und schalteten ihre einstigen Verbündeten, die ihnen nun zu säkular und moderat gesinnt waren, schnell aus. Der erste gewählte Präsident des Iran, Abolhassan Banisadr, musste beispielsweise bereits 1981 nach Frankreich fliehen. Der einstige Verbündete Chomeinis war in Ungnade gefallen, weil er den zunehmend autoritären Kurs der Islamisten kritisierte. Mithilfe der sogenannten Revolutionskomitees und neu gegründeten Milizen wie die Basidsch gingen diese gegen ehemalige Schah-Anhänger ebenso gegen in Ungnade gefallene Revolutionäre vor – Nationalisten, Linke und säkulare Muslime zum Beispiel. Ihre Einheiten konnten flexibel eingesetzt werden, ohne große Kontrolle des noch jungen Staates und der Öffentlichkeit, und ihre Befugnisse wurden kontinuierlich ausgeweitet.

Schnell wurden die Milizen und Revolutionskomitees auch mit gesellschaftspolitischen Aufgaben betraut. Am 7. März 1979 hatte Chomeini, der zu dieser Zeit Revolutionsführer war, erklärt, dass Frauen nach islamischem Recht einen Hijab tragen müssten. Bereits am nächsten Tag protestierten Tausende Frauen ohne Kopftuch anlässlich des internationalen Frauentags gegen diesen Vorstoß, in der Hauptstadt Teheran und im Wallfahrtsort Qom, wo Chomeinis Familienanwesen liegt. Sie wurden sofort von Regimekräften angegriffen und verfolgt. Nachdem die Kopftuchpflicht schließlich 1983 gesetzlich beschlossen wurde, wurde das Vorgehen der Regimekräfte noch rabiater. Das Gesetz sah nun auch körperliche Strafen vor. Frauen, die dagegen verstießen, drohten Peitschenhiebe. Diese wurden ab 1996 durch Haftstrafen und Bußgelder ersetzt, physische Strafen werden seitdem eher in Ausnahmefällen eingesetzt. Die Sittenregeln der neuen Machthaber beschränkten sich aber nicht nur auf das Kopftuch: Unverheiratete Männer und Frauen sollten sich öffentlich nicht berühren, Alkohol und Magazine, die Frauen abbildeten, verbannt werden. Theoretisch gilt auch eine Kleiderordnung für Männer, die zu eng anliegende oder kurze Kleidung verbietet – diese wird jedoch nicht so systematisch durchgesetzt wie die Kopftuchpflicht.

Die strengen Sittengesetze sind unbeliebt, gerade bei der Jugend und den urbanen Mittelschichten des Iran. Und während ein Teil der Bevölkerung sich daran hielt, fand der andere immer kreativere Wege, diese Regeln zu umgehen. Partys fanden privat statt, auf denen auch ansonsten als »unmoralisch« geltende Musik gespielt und Alkohol getrunken wurde.

Das Kopftuch wurde aufgesetzt, nur um wieder »herabzurutschen«, sobald die Komiteeleute außer Sichtweite waren. Auslandsmedien – geschmäht, weil sie sowohl »konterrevolutionäre« als auch »sittenwidrige« Inhalte zeigten – fanden schnell den Weg ins Land, erst in Form von illegal eingeschmuggelten Magazinen und Kassetten, später durch illegale Satelliten und das Internet. Der neue Staat, der 1979 ausgerufen worden war, hatte vom ersten Tag an mit politischem Widerstand und zivilem Ungehorsam zu kämpfen. Und während er die politische Opposition schnell neutralisierte, ihre Anführer in Schauprozessen verurteilte und ihre Organisationen zerschlug, blieb der Widerstand im Kleinen immer bestehen.

Die Sicherheitsbehörden des Iran wurden schließlich 1991 reformiert. Verschiedene Behörden und Einheiten wurden in einer Polizeibehörde zusammengeführt.[4] Dieser fielen nun auch die Aufgaben der einstigen Revolutionskomitees zu, und sie wurde zunehmend dazu genutzt, die Gesellschaft zu kontrollieren. Parallel dazu betrieb die Basidsch-Miliz ihre eigenen Einheiten, die eigenständig über die Einhaltung der Sittenregeln wachten.[5] Erst 2005 führte die Polizei eine eigene Moralpolizei ein, die diese Aufgaben bündelte: die sogenannte Gascht-e Erschad. Diese vermutlich unbeliebteste staatliche Behörde im Iran ist seitdem offiziell für die Einhaltung islamischer Sittengesetze zuständig. Wobei sie sich hauptsächlich darauf konzentriert, Frauen festzunehmen, deren Kleidung nicht ihren Vorstellungen entspricht. Dafür kann, je nach politischer Lage, ein verrutschtes Kopftuch oder ein etwas zu eng sitzendes Kleid ausreichen.

Die Unbeliebtheit der Gascht-e Erschad hatte ihren Preis. Während sich die Wut der Bevölkerung zuvor auf die Komitees als quasi paramilitärische Freiwilligenverbände richtete, traf sie jetzt mit der Polizei eine direkte Vertreterin des Staates.

Und drohte die Legitimität der Polizei insgesamt zu untergraben. Polizisten sind aber, um ihrer Arbeit nachgehen zu können, auf die Kooperation der Bevölkerung angewiesen. Auch wenn manch Konservativer das ungern hört: Zur Polizeiarbeit gehört nicht nur das »harte Durchgreifen«, sondern auch sehr viel gesellschaftliche Arbeit. Die Polizei muss beispielsweise ihre Maßnahmen begründen, Fehler aufarbeiten, bei Problemen ansprechbar sein und gut kommunizieren, um Vertrauen zu erzeugen. Wenn Menschen der Polizei nicht trauen, geben sie auch keine Hinweise auf kriminelle Aktivitäten, melden keine Diebstähle und geben keine Zeugenaussagen ab.

Vertrauen ist eine wichtige Ressource, auch in Autokratien. Keine noch so harte Hand kann sie obsolet machen. Und genau dieses Vertrauen drohte die Polizei durch ihre Umsetzung der Sittengesetze im Iran zu verspielen und damit auch ihr Kerngeschäft immer schlechter umsetzen zu können: die Bekämpfung der Kriminalität.

Dabei darf man auch nicht vergessen, dass die Behörden bei der Durchsetzung der Sittengesetze letztendlich auf die Mitarbeit der Bevölkerung angewiesen sind. Wer im Iran schon einmal mit weiblicher Begleitung unterwegs war, kennt sie: Die Passanten, die mit unterdrückter Stimme darauf hinweisen, dass etwas an der Kleidung besser sitzen könnte. Wenn man lange genug durch die Gegend spaziert, begegnen sie einem früher oder später. Ältere Herren oder Damen in schwarzen Umhängen gehen dann freundlich, aber bestimmt auf Frauen zu, deren Kopftuch vermeintlich einen halben Zentimeter »zu viel« zeigt. Anders wäre eine Durchsetzung der Sittengesetze auch kaum möglich. Im Iran leben aktuell knapp 42 Millionen Frauen, die sich kaum in jeder Minute kontrollieren lassen. Zahlen zu den Sicherheitsbehörden sind unzuverlässig, aber Schätzungen gehen von 300 000 Polizistinnen aus, von denen bei Weitem nicht alle für die Gascht-e Erschad arbeiten. Wenn sich alle Frauen gleichzeitig der Hijabpflicht widersetzen würden, kämen sie gar nicht hinterher.

Das gilt nicht nur im Iran. Die Polizei kann nicht überall sein – deswegen kann man auch in Deutschland nachts über eine rote Ampel laufen, ohne in der Regel dafür belangt zu werden. Wenn wir uns an die Verkehrsvorschriften halten, obwohl nirgendwo die Polizei zu sehen ist, dann, weil wir diese verinnerlicht haben. Wenn wir Vorschriften jedoch ablehnen oder sogar für illegitim und falsch halten, gibt es viel Spielraum, sie zu ignorieren. Und ja: Die Leute, die an der roten Ampel stehen bleiben und einem böse Blicke zuwerfen, weil man trotzdem die Straße überquert hat, tragen dazu bei, dass solche Regeln in der Gesellschaft eingehalten werden. Es sind oft gerade nicht Polizisten, die die Regeln durchsetzen, sondern die eigenen Freunde, Nachbarinnen und Passanten, deren Erwartungen uns beeinflussen.

Und gerade die Erwartungen der anderen sind schwer zu antizipieren. Ob die Polizei an der Ecke steht oder nicht, sehe ich ziemlich schnell – und weiß dann auch, wie riskant mein Regelbruch ist. Wenn ich aber nicht weiß, ob die Menschen um mich herum auch bei Rot über die Ampel gehen oder sehr streng auf die Einhaltung dieser Regel achten, neige ich eher dazu, mich korrekt zu verhalten. Autokraten kennen diesen Effekt gut und nutzen ihn zu ihren Gunsten. Die Politikwissenschaftlerin Lisa Wedeen zeigte dies eindrücklich für Syrien: Menschen hielten sich auch dann noch an albern anmutende Rituale und Lippenbekenntnisse zum System, als sie den Staat schon lange ablehnten. Sie schildert beispielsweise, wie Soldaten zusammenkommen mussten und erzählen, sie hätten von der Großartigkeit des Präsidenten geträumt. Sie taten dies, weil sie dachten, alle anderen meinten ihr Bekenntnis ernst – und den Staat interessierte es nicht, ob das Lippenbekenntnis ernst gemeint war oder nicht. Seine Macht konnte er auch dadurch unter Beweis stellen, dass es ihm gelang, Menschen zu surrealen Bekenntnissen zu zwingen. Wedeen nennt dies »acting as-if«, also tun, als ob.[6] Unabhängig davon, ob ich das System selbst ablehne oder nicht: Indem ich das Spiel mitspiele, wirkt es so, als würde ich das System unterstützen. Und da Menschen nur sehen, wie sich alle um sie herum an das Spiel halten, fühlen sie sich mit ihrer Kritik isoliert und behalten diese lieber für sich – nichts ahnend, wie viele sie im Falle Syriens eigentlich teilten.

Auf die Hijabregeln im Iran angewandt wiederum heißt das: Auch wenn zahlreiche Frauen das Verhüllungsgebot ablehnten, trauten sie sich nicht, ihren Hijab abzunehmen, solange alle anderen scheinbar damit zufrieden waren und sich daran hielten. Wer sich in der Minderheit wähnt, geht ein umso größeres Risiko ein, von Regeln abzuweichen. Erst die Frauen, die 2017/2018 das Kopftuch demonstrativ abnahmen, machten schließlich deutlich, wie groß die Unzufriedenheit tatsächlich war. Ihr ziviler Ungehorsam forderte die Sittenregeln direkt heraus. Und stellte damit indirekt die Frage nach der Legitimität des Systems: Vielleicht waren ja viel mehr Menschen unzufrieden und trauten sich nur nicht, das zuzugeben?

Wir groß die Unzufriedenheit war, wurde 2022 vollends deutlich. Die junge Kurdin Jina Mahsa Amini war eigentlich nur zu Besuch in Teheran. Am 13. September wollte sie mit ihrem Bruder und zwei Cousins die Tarbiat-Brücke besichtigen. Als sie aus der U-Bahn ausstiegen, wurden sie von der Sittenpolizei angehalten, weil Amini angeblich die Kleiderordnung verletzt hatte. Sie würde eine Schulung erhalten und bald freigelassen, versprachen die Polizisten und führten sie ab. Kurze Zeit später wurde sie in ein Krankenhaus eingewiesen, wo sie am 16. September 2022 verstarb. Was genau passiert ist, wird vermutlich nie abschließend geklärt werden können – alles deutet jedoch darauf hin, dass die Polizisten sie mit Knüppeln schlugen und sie sich dabei ein Schädel-Hirn-Trauma zuzog.[7] Nachdem die Nachricht ihres Todes publik wurde, bildeten sich vor dem Krankenhaus erste Proteste. Kurz darauf wurde Jina Mahsa Amini in ihrer Heimatprovinz Kurdistan bestattet und es versammelten sich auch dort Protestierende. Schnell weiteten sich die Demonstrationen auf das ganze Land aus. Zum zentralen Symbol der Proteste wurden Frauen, die ihr Kopftuch ablegten, verbrannten oder zerschnitten.

Die Proteste breiteten sich so weit aus, dass die Polizei nicht mehr hinterherkam, die Sittengesetze durchzusetzen. Die Streifen der Gascht-e Erschad wurden zeitweise ausgesetzt und man konzentrierte sich darauf, die Regeln in religiösen Stätten umzusetzen. Selbst Frauen, die nicht an Demonstrationen teilnahmen, verzichteten nun häufig auf das Kopftuch. Bilder aus Kaufhäusern wie dem, in dem ich 2018 die einzelne Frau ohne Kopftuch gesehen hatte, machten die Runde. Niemand trug dort noch einen Hijab. Unverhüllt bestritten die Frauen ihren Alltag. Die Sittenregeln waren weitgehend außer Kraft gesetzt.

Wer einen Akt des zivilen Ungehorsams öffentlich begeht, drückt damit nicht nur eine Meinung aus, sondern auch, wie wichtig einem diese Meinung ist. Es kann sein, dass ich gegen die Kopftuchpflicht bin, aber mir erst mal andere Dinge wichtiger sind: die wirtschaftliche Lage, die Umweltpolitik oder außenpolitische Fragen. Wenn ich mich jedoch öffentlich zu meiner Meinung bekenne und bereit bin, dafür Konsequenzen auf mich zu nehmen, möglicherweise eine Haftstrafe oder andere Strafen zu kassieren, dann muss mir das Thema auch wichtig sein, und zwar wichtiger als andere. Die Frauen, die im Iran nun ein großes Risiko eingingen, machten damit auch das Kopftuch zum zentralen Thema der Proteste 2022. Ihnen ist es zu verdanken, dass nicht in erster Linie über wirtschaftliche Themen wie bei den Protesten 2017/18 oder 2019 gesprochen wurde, sondern dass Frauenrechte die Protestwelle bestimmten.

Die Proteste 2022 wurden schnell zu landesweiten Protesten. War anfangs noch unklar, was die sehr unterschiedlichen Protestierenden vereinte, so wurde die Ablehnung der Kopftuchpflicht nun immer sichtbarer. Frauen schnitten sich aus Protest die Haare ab, um ihre Trauer und ihre Wut zu zeigen. Im Oktober und November desselben Jahres drängten Demonstrierende Sicherheitskräfte zurück, vertrieben sie teilweise aus den Innenstädten. Für einen sehr kurzen Zeitraum hatten die Sicherheitskräfte an diesen Orten keine Macht mehr. Und Frauen nutzten diesen Moment, um Bilder Chomeinis zu verbrennen, und tanzten ohne Hijab in der Öffentlichkeit. Ihre Wut war greifbar. An den Protesten beteiligten sich Männer wie Frauen, aber die Bilder dominierten die Frauen ohne Kopftuch, die zum Symbol der Proteste geworden waren.

Diese Symbolik stellt eine Gefahr für das Regime dar. Mehr als die Hälfte der Bevölkerung kann wohl kein Sicherheitsapparat der Welt allein durch physische Kontrolle zu etwas zwingen. Wenn diese sich an eine Kleiderordnung hält, impliziert das, dass der Staat von einer signifikanten Mehrheit unterstützt wird. Beginnt dieses Bild zu bröckeln, weil Frauen sich widersetzen und öffentlich das Kopftuch abnehmen, gerät auch das Bild des übermächtigen Staates ins Wanken. Und wenn dieses Bild erst einmal gestört ist, ist es sehr schwer durch rohe Gewalt wiederherzustellen. Die Frauen, die 2017 demonstrativ das Kopftuch abnahmen, hätten in einem stabilen, von der Mehrheit gestützten Staat wenig bewirkt. Weil der Unmut aber bereits massiv zugenommen hatte, fanden sich immer mehr

Nachahmerinnen, die 2022 zu einer Massenbewegung wurden, die der Staat mit seiner Sittenpolizei nicht länger kontrollieren konnte.

Und der Protest dieser Frauen ist auch das sichtbarste Erbe dieser neuen Protestwelle im Iran. Bereits Ende 2022 ließen die Demonstrationen nach, Anfang 2023 spielten sie kaum eine Rolle mehr. Der zivile Ungehorsam der Frauen ging jedoch weiter. Freunde und Bekannte von mir, die zu dieser Zeit in den Iran reisten, berichteten, wie alltäglich es geworden war, das Kopftuch abzulegen – zumindest in den Großstädten. Das galt aber nicht für das ganze Land. Ein Freund erzählte mir die Geschichte einer Bekannten, die auf dem Höhepunkt der Proteste überzeugt war, dass das Kopftuchgebot überwunden sei, an einen religiösen Wallfahrtort fuhr, um auch dort zu protestieren. Sie traf jedoch auf unerwarteten Widerstand. In der Hochburg des Regimes wurde sie von Zivilisten beschimpft und bedrängt, ihr Kopftuch wieder aufzusetzen. Ihre Überraschung zeigt, wie wirkmächtig das Narrativ der Opposition war, wonach das Kopftuch wirklich nirgendwo mehr getragen würde, denn sie glaubte das. Die soziale Norm, sich an die Kopftuchpflicht zu halten, existierte jedoch hier, wie an anderen Orten des Iran, noch. Umgekehrt sind viele Regimeanhängerinnen überzeugt davon, dass die Kopftuchpflicht leicht wieder einzuführen ist, weil sie der staatlichen Propaganda glauben, dass der Widerstand dagegen lediglich punktuell sei. Ihnen steht ebenfalls eine Überraschung bevor. Denn dort, wo die Hemmschwelle erst einmal weg ist, ist sie nur sehr schwer wiederherzustellen. Auch deswegen experimentieren die iranischen Sicherheitsbehörden nun mit Kameraüberwachung und versuchen neue Gesetze zu erlassen und neue Sitteneinheiten zu bilden, um den Druck auf die eigene Bevölkerung zu erhöhen und die Situation wieder unter Kontrolle zu bekommen.

Doch das wird nicht einfach, denn ziviler Ungehorsam gegen die Sittengesetze ist von einem vereinzelten Protest, wie dem von Vida Movahed 2017, zu einer Massenpraxis geworden, der sich Frauen landesweit und in Massen angeschlossen haben.

Wie eine solche Massenpraxis langfristig wirksam werden kann, zeigt das iranische Verbot von Satellitenschüsseln. Theoretisch ist der Besitz und Betrieb von Satellitenschüsseln für Privathaushalte verboten. Denn damit könnten sie Auslandssender empfangen, die die Zensoren umgehen und auch kritische Inhalte verbreiten. Aus diesem Grund greift der Staat regelmäßig gegen Satellitenschüsseln durch. In Razzien werden öffentlichkeitswirksam Satellitenempfänger konfisziert, zerstört und die Besitzerinnen mit Bußgeldern belegt.[8] In der Regel stehen die Satelliten jedoch bereits kurze Zeit später wieder auf den Dächern, als hätte es die Razzia nie gegeben. Der Betrieb von Satelliten ist so weit verbreitet, dass die Behörden nicht annähernd so schnell Empfänger konfiszieren können, wie deren Besitzer neue aufstellen.

Das konnte ich 2018 selbst erleben. Beim Spaziergang über den Markt in einer westiranischen Kleinstadt kamen rasch eifrige Verkäufer auf mich zu und boten Satellitenschüsseln in allen möglichen Varianten an. Der Aufwand, ein eigentlich illegales Produkt zu erwerben, war denkbar gering. Niemanden um uns herum schien es zu kümmern, zu normal war der Verkauf, sodass Händler wie Käufer wenig Sorge vor Konsequenzen zu haben schienen. Ein Blick über die Dächer der Stadt bestätigte diesen Eindruck später: Dutzende Schüsseln waren selbst für mich als Laien leicht zu erspähen, geschicktere Besitzer versteckten diese gerne in Innenhöfen und hinter Pflanzen. Dabei können die Bußgelder für den illegalen Besitz von Satellitenschüsseln durchaus hoch ausfallen. Wenn jedoch alle sich beteiligen, ist das individuelle Risiko, erwischt zu werden, eher gering. Und damit sinkt auch die Hemmschwelle.

Die Polizei hat außerdem viele andere Aufgaben zu bewältigen und muss deshalb Prioritäten setzen. Wenn sie Satellitenschüsseln konstant bekämpfen würde, blieben kaum Ressourcen, ihren anderen Aufgaben nachzukommen. Das erklärt auch, warum die Hijabpflicht zeitweise nicht durchgesetzt wurde: Angesichts der Massenproteste 2022 wurden die Sicherheitskräfte benötigt, um die Demonstrationen einzudämmen. Sobald die Demonstrationen nachließen, blieben wieder Kapazitäten, um die Sittenregeln durchzusetzen. So erklärt sich, warum die Behörden Anfang 2024 wieder härter gegen Verstöße vorgingen.

Die Sittenpolizei zeigte wieder Präsenz, zunächst vor allem an zentralen Orten und Plätzen und zunehmend auch flächendeckend. Im Rahmen des sogenannten »Noor-Plans«, den die Vereinten Nationen und Menschenrechtsorganisationen besorgt beobachteten, sollte sie die verloren gegangene Kontrolle wiederherstellen. Die paramilitärischen Revolutionsgarden kündigten die Einrichtung einer neuen Einheit an, die sie dabei unterstützen sollte. Und ein neuer Gesetzesentwurf sieht drakonische Strafen für Verstöße gegen die Kleidungsordnung vor, darunter Haftstrafen von bis zu zehn Jahren.[9] Ob dieses harte Vorgehen erfolgreich sein wird, ist aktuell noch offen. Denn je mehr unterschiedliche neue Formen des zivilen Ungehorsams dazukommen, desto schwieriger wird es für den Staat, all diese gleichzeitig zu verfolgen. Und er muss sich dann häufig darauf beschränken, seine Regeln symbolisch durchzusetzen, also vor allem dort, wo Regelbrüche besonders sichtbar sind, um so öffentlichkeitswirksam wie möglich ein Exempel zu statuieren und auf besonders abschreckende Weise zu zeigen, was diejenigen erwartet, die sich nicht an die Regeln halten.

Der Erfolg dieser Protestform ist damit auch zweischneidig. Die Protestierenden im Iran hatten zwar mehr Erfolg mit ihrem Ungehorsam als mit Demonstrationen. Dieser Erfolg ist jedoch kontinuierlich davon bedroht, dass die Sicherheitsbehörden wieder zur Ruhe kommen und es sich leisten können, restriktiver vorzugehen. Der Staat wird hierbei immer wieder demonstrativ zeigen wollen, dass er die Hijabpflicht nicht ausgesetzt hat, dass er Ungehorsam nicht duldet, sondern weiterhin bestraft. Es ist vermutlich auch kein Zufall, dass der regimekritische Rapper Toomaj Salehi Anfang 2024 zum Tode verurteilt wurde. Seine Texte galten als Symbol der Proteste 2022, und in Liedern wie »Shallagh« prangerte er auch die Hijabpflicht ganz direkt an. Prozesse wie der gegen ihn senden ein klares Signal an Protestierende. Sie können Menschen davon abhalten, sich an dieser Protestform zu beteiligen. Und weil der Ungehorsam so dezentral und nicht systematisch organisiert stattfindet, gibt es keine Anführerinnen, die mit dem Staat verhandeln oder auf solche Veränderungen reagieren könnten. Jede Iranerin wird für sich, individuell, das Risiko des zivilen Ungehorsams abschätzen müssen, und dann entscheiden, ob es ihr das (weiterhin) wert ist.

Gleichzeitig halten diese Formen des Ungehorsams den Staat auf Trab. Jede Einheit, die damit beschäftigt ist, Bußgelder wegen eines lose sitzenden Kopftuches zu erlassen, kann nicht eingesetzt werden, um Oppositionelle zu verhaften und einzuschüchtern. Ziviler Ungehorsam ist somit immer auch ein Stachel im Fleische des Staates, eine andauernde Unbequemlichkeit, die die Mächtigen piesackt und ihnen zeigt, dass ihre Macht Grenzen hat. Und ein Zeichen: dass die Unzufriedenheit mit ihnen verbreitet genug ist, dass sie sich schnell anders entladen kann, zum Beispiel in Massendemonstrationen.

Ob wohl die Proteste 2022 so groß geworden wären ohne die Proteste 2017/18? »Was wäre, wenn«-Fragen lassen sich nur schwer beantworten. Schließlich besitze auch ich keine Glaskugel, die mir alternative Realitäten zeigt. Vieles spricht aber dafür, dass die mutigen Frauen wie Vida Movahed, die 2017 das Kopftuch abnahmen, Tausenden anderen Frauen zeigten, dass sie nicht allein waren. Und dass aus diesem ersten Akt zivilen Ungehorsams später eine Massenbewegung wurde, die sogar der gefürchteten Gascht-e Erschad die Grenzen ihrer Kapazitäten aufzeigte. In die Zukunft schauen ist leider ebenso schwer möglich, aber ich frage mich: Was werden sie als Nächstes inspirieren? Welche Protestform wird in fünf, in zehn Jahren aus dem Widerstand gegen die Hijabpflicht hervorgehen?

Denn klar ist auch, dass die Unzufriedenheit weiter bestehen bleibt, solange Veränderungen ausbleiben. 2024 fanden gleich zwei Wahlen statt im Iran, für das Parlament und die Präsidentschaft. Bei beiden war die Wahlbeteiligung die niedrigste seit Gründung der Republik. Das zeigt, wie gering der Rückhalt und der Glaube an das System in der Bevölkerung mittlerweile ist – und wie groß das Potenzial für zivilen Ungehorsam. Wer sich nicht einmal zur Wahl aufraffen kann, wird kaum mit Sicherheitsbehörden kooperieren, um die Sittenregeln umzusetzen. Die Proteste lassen sich zeitweise mit Gewalt zurückdrängen. Die verloren gegangene Legitimität wiederherzustellen ist aber eine viel größere Aufgabe, die sich nicht alleine mit Gewalt bewerkstelligen lässt. Solange der Staat hier keine Antwort hat, wird der zivile Ungehorsam der Iranerinnen wohl weitergehen. Und kann beim nächsten Anlass wieder in offenen Protest münden.

4

Ungesehen ist ungeschehen.
Politischer Protest
in Hongkong

Eine der Fragen, die mir als Protestforscher am häufigsten gestellt wird, lautet: Wann hat ein Protest Erfolg? Die zugegebe-
nermaßen wenig befriedigende Antwort, die ich darauf geben
kann, klingt in etwa so: Selbst wenn ich das wüsste, es würde
wenig nutzen. Schließlich könnten es dann auch Regierungen
weltweit wissen und verhindern.

Das ist kein abstrakter Gedanke, sondern tatsächlich immer wieder passiert. Nach den friedlichen Revolutionen in der
Sowjetunion lernten Regierungen weltweit, wie mächtig Mittelschichten und Zivilgesellschaften sein können. Weshalb sie
begannen, sie umso mehr zu kontrollieren. Der »Arabische
Frühling« 2011 zeigte Regierungen, wie mächtig das Internet
sein kann, um schnell viele Menschen zusammenzubringen.
Heute ist das Internet weltweit durchreguliert und viel stärker
kontrolliert, als vor zwei Jahrzehnten möglich schien.

Daran muss ich auch denken, wenn mir eine andere Frage gestellt wird: Warum Menschen nicht gegen politische Entwicklungen auf die Straße gehen, warum sie eine Diktatur
nicht einfach abschütteln. Denn so einfach ist das nicht. Solche
Fragen basieren auf veralteten Vorstellungen von Protest, ro-
mantisieren oft erfolgreiche Revolutionen der Vergangenheit –
und übersehen, welchen Gefahren die Revolutionäre trotzten,

welchen Preis sie oft zahlten. Weil Diktaturen diese Beispiele auch kennen und aus ihnen lernen, sind Protestierende dazu gezwungen, immer wieder neue Ideen zu entwickeln, die die Machthaber noch überraschen können. Deswegen lautet meine etwas befriedigendere Antwort darauf, wann Protest erfolgreich ist, auch: wenn er kreativ und überraschend ist, aus der Vergangenheit lernt und Taktiken gleichzeitig weiterentwickelt.

Ein anschauliches Beispiel für das Potenzial, das in kreativem Protest steckt, ist Hongkong. Die Demokratiebewegung schaffte dort 2019 kaum Vorhersehbares: Sie zwang eine Weltmacht (kurzzeitig) zu Kompromissen, brachte einen Großteil der Stadt auf die Straße und wirbelte die Politik auf. Ihr Beispiel zeigt aber auch, wo Protest Grenzen gesetzt sind: Wenn die Entscheidungen in der Ferne getroffen werden, unabhängig von der öffentlichen Meinung, und wenn der Staat kompromisslos bleibt. Dann wird es schwierig für einen Protest, langfristig etwas zu erreichen.

Zu ihren Hochzeiten gelang es der Demokratiebewegung in Hongkong zwischen 338 000 (laut Polizei) und 2 Millionen (laut Organisatoren) Menschen auf die Straße zu bringen. Zahlen zu Demonstrierenden schwanken mal mehr, mal weniger, wobei die Angaben der Organisatoren meist höher sind als die der Polizei. In den meisten Fällen gibt der Mittelwert aus beiden Zahlen eine gute Orientierung. Bei besonders großen Protesten ist ein Faktor für diese Schwankungen, dass die meisten Teilnehmer nicht zeitgleich ankommen. Wenn Hunderttausende sich versammeln, gehen die Ersten vielleicht schon nach Hause, während die Nachzügler erst ankommen. Wann erhebt man nun also die Protestgröße? Im Ergebnis werden Massenproteste schnell unterschätzt. Dazu kommt, dass die Protestierenden einen Anreiz haben, ihre Anzahl großzügiger zu schätzen, weil sie so schneller Aufmerksamkeit erzeugen können. Die Polizei hingegen hat oft einen Anreiz, die Zahlen niedriger zu schätzen, weil sie sich bei überraschend hohen Zahlen der Kritik ausgesetzt sehen könnte, nicht genug Beamtinnen eingesetzt zu haben. In Autokratien wie China tun sie dies möglicherweise aber auch, weil sie politisch angehalten sind, die Stärke der Opposition eher zu unterschätzen.

Egal, welche Zahl man in diesem Fall ansetzt: Soweit das Auge reichte, standen die Hongkonger in der Stadt. Bei 7,5 Millionen Einwohnern waren es zwischen 5 und 27 Prozent der Bevölkerung der Stadt. Eine riesige Menschenmasse, die sich kaum bewegen lässt und die zunächst den öffentlichen Raum erobern konnte.

Also saß die chinesische Regierung die Proteste mehr oder weniger aus. Als die größten Proteste vorbei waren und die Teilnehmerzahlen nachließen, wollte sie der Demokratiebewegung den Garaus machen. Dabei stieß die Regierung aber auf ein logistisches Problem. Wer waren eigentlich die Anführer, die man festnehmen oder unter Druck setzen konnte? Sie versuchte sich zwar an Verhaftungen: Da waren beispielweise die »Hong Kong 47«, eine eklektische Gruppe von Aktivistinnen, ehemaligen Parlamentariern, Wissenschaftlerinnen und Anwälten, die Anfang 2021 festgenommen wurden. Oder die Gruppe »12 Hongkongers«. Im August 2020 verließ ein Schnellboot mit ihnen an Bord den Hafen Hongkongs. Der Gruppe drohten hohe Haftstrafen wegen ihrer Beteiligung an den Demonstrationen. Ihre Hoffnung: Es bis zu den von Taiwan kontrollierten Gewässern zu schaffen und den chinesischen Behörden durch die Finger zu rutschen. Kurz hinter der Seegrenze zwischen Hongkong und China wurden sie jedoch von der chinesischen Küstenwache abgefangen und festgenommen.

Die Behörden setzten auch Unternehmer wie Jimmy Lai unter Druck, indem sie beispielsweise Konten der von ihm betriebenen Zeitung *Apple Daily* einfroren. Das zwang nicht nur *Apple Daily* zur Schließung, sondern sendete auch ein klares Signal an andere Medien, die noch kritisch über Chinas Politik berichteten.

Diese Repressionen blieben aber letztlich nur symbolisch. Egal, wen sie festnahmen oder unter Druck setzten, niemand passte so recht in das Bild eines Anführers. Denn die Demokratiebewegung in Hongkong hatte sich schon längst dezentralisiert. Zu Demonstrationen verabredeten sie sich informell, durch Mundpropaganda beispielsweise. Aufgaben verteilten sie online mithilfe von Apps, die zeitnah Bewegungen der Polizei meldeten. Sie tauschten detaillierte Anleitungen für erfolgreiche Demonstrationen aus, beschrieben darin, wie man beispielsweise effektiv Tränengas bekämpft und andere Protestierende gegen Polizeigewalt schützt. Statt einzelnen Anführern hatte die Bewegung Tausende, die sich in kleinen Zellen in ihrer Nachbarschaft oder ihrem Freundeskreis organisierten und einander aushalfen.

Das war kein Zufall, denn die Protestbewegung in Hongkong wusste genau, mit wem sie es zu tun hatte, und ging davon aus, dass sie eine direkte Konfrontation mit dem übermächtigen, gewaltbereiten chinesischen Staat nicht gewinnen konnte. Deswegen hatte sie bereits seit Jahren die Devise »Seid Wasser« ausgegeben: Die Protestierenden sollten sich flexibel anpassen, Polizeieinheiten ausweichen, sich dezentral organisieren und damit möglichst keine Angriffsfläche bieten. So wie Wasser auch kleinste Lücken ausfüllen kann und keine feste Form hat, die man greifen kann. Wenn es eine formale Führung gegeben hätte, wäre diese vermutlich bereits zu Beginn festgenommen und die Proteste zerschlagen worden.

Als fließende Bewegung war jedoch kaum überschaubar, was genau zerschlagen werden sollte. Wie sollte eine solch große Anzahl an Menschen gleichzeitig verfolgt werden? Das ist nicht möglich, außerdem ist die Verfolgung vieler teuer, deshalb möchte der Staat natürlich eigentlich viel lieber eine oder einige wenige Führungspersonen identifizieren. Indem die Protestbewegung sich ohne zentrale Führung organisierte, zwang sie die Behörden dazu, in mühsamer Kleinarbeit einzelne Aktivistinnen zu identifizieren und zu verhaften – möglichst ohne die Gefängnisse allein durch die schiere Anzahl von Verdächtigen zu fluten.

»Seid Wasser« ist ein bekanntes Zitat des Kampfkünstlers und Schauspielers Bruce Lee, ein berühmter Vertreter des Hongkong-Films. Dadurch konnte man auf etwas Vorhandenes zurückgreifen und musste die Idee nicht neu entwickeln und verbreiten, was zeit- und kommunikationsintensiv gewesen wäre. Und auch in früheren Zeiten hatte es schon Strategien gegeben, ohne Anführer flexibel gegen einen übermächtigen Staat vorzugehen. Protestbewegungen in Hongkong hatten sich bereits während der britischen Kolonialherrschaft auf diese Weise organisiert und taten es nun wieder gegen die chinesischen Herrscher. Die Protestierenden griffen auf diese Geschichte zurück.

Der Blick auf die Vergangenheit hilft zu verstehen, welche Proteststrategien erfolgreich waren und welche scheiterten, was auch dem Blick in die Zukunft dient: Wie könnten neue (erfolgreiche) Proteste entstehen? Welche früheren Bewegungen könnten wieder neu entstehen? Auch anderen Protestbewegungen im eigenen oder in anderen Ländern kann dies als Inspiration dienen.

Wer heute auf Hongkong blickt, sieht vielleicht gar keinen Grund, sich mit vergangenen Protesten zu beschäftigen. Von den Bildern der Massenproteste ist schließlich nicht viel geblieben. Die Nachrichten über Hongkong sind eher geprägt vom

Chinesischen Sicherheitsgesetz 2020, das ein hartes Vorgehen der Sicherheitsbehörden gegen Oppositionelle ermöglicht, und von der Wahlreform, die politische Freiheiten in der Sonderverwaltungszone massiv einschränkt. Die Protestbewegung scheint fürs Erste geschlagen. Das übersieht jedoch, wie schnell Proteste wieder ausbrechen können und sich ein solcher Eindruck ins Gegenteil verkehren kann. Der Erfolg der Bewegung war schon 2019 überraschend. Immerhin stellte sie Beteiligungsrekorde auf, gewann die Kommunalwahlen und zwang die damalige Regierungschefin Carrie Lam zumindest zeitweise zum Nachgeben – das Auslieferungsgesetz, das den Stein überhaupt erst ins Rollen brachte, nahm sie wegen der Proteste zurück. Und das, obwohl China damals wie heute argwöhnisch auf jede Demokratie- und Autonomiebewegung blickte. Wie also gelang das der Protestbewegung in China, und was bedeutet es für andere Protestbewegungen?

Hongkonger haben jahrzehntelange Erfahrung damit, sich auch unter schwierigen politischen Bedingungen Gehör zu verschaffen – egal, wie autokratisch die Fremdherrschaft ist. Seit die Briten das Territorium 1841 im Ersten Opiumkrieg gegen die chinesische Qing-Dynastie besetzten, wurde es mit harter Hand regiert. Hongkong profitierte anfangs davon, dass die Stadt sehr weit von den britischen Inseln entfernt lag. Wirklich Interesse an der Gesellschaft zeigten die Kolonialherren nicht, solange sie politisch die Kontrolle behielten. Verfolgt wurde deswegen jede Bewegung, die die britische Herrschaft infrage stellte. Aber solange sich die Kolonialverwaltung sicher fühlte, ließ sie die Gesellschaft Hongkongs weitgehend in Ruhe. Ngok Ma, Politikwissenschaftler in Hongkong, spricht von einer langen Tradition relativer sozialer Autonomie während der kolonialen Ära. Bis in die 1970er-Jahre hatten die Briten kaum Ambitionen, sozial etwas zu verändern, solange ihre

Macht unangefochten blieb. Deswegen wollten sie auch keine umfassenden sozialen Dienstleistungen einführen, die zum Beispiel Aufstiegsmöglichkeiten hätten schaffen können und damit die Gesellschaftsstruktur verändert hätten.[1] Die Forschung zu Hongkong hat lange diese Autonomie hervorgehoben, in der der Staat möglichst wenig mit der Gesellschaft interagierte und höchstens Eliten aus der Lokalbevölkerung für die Verwaltung rekrutierte. Sie hat dabei frühere Protestbewegungen der 1950er- und 1960er-Jahre unterschätzt. Mas Erzählung der großen Protestbewegungen setzt in den 1970er-Jahren an: Seitdem entwickelte sich eine Politik der Massen, bei der die Gesellschaft zunehmend Forderungen an den Staat erhob. Was dazu führte, dass die Schranken zwischen Staat und Gesellschaft zunehmend fielen.

Aus Sicht der Briten war diese Distanz zwischen Staat und Gesellschaft praktisch, weil in erster Linie geostrategische Interessen im Vordergrund standen. Die öffentliche Meinung in Hongkong war nicht entscheidend für die Politik der Kolonialherren. Es waren die Interessen der Londoner Regierung, die entscheidend waren: eine Präsenz in Asien zu haben und einen wirtschaftlichen Knotenpunkt zu kontrollieren. Die spätere Partizipation der Hongkonger Bevölkerung war, ganz pragmatisch, diesem Ziel untergeordnet. Und die Demokratisierung endete immer dort, wo sie britische Beziehungen zu China gefährdete, unabhängig von den Präferenzen der Lokalbevölkerung.

Die Beziehung zur chinesischen Führung wurde aus britischer Sicht immer wichtiger, je kleiner das einstige Weltreich wurde. Nach dem zweiten Weltkrieg erlebte die Welt eine Phase der Dekolonisierung, zahlreiche britische Kolonien erlangten nach und nach die Unabhängigkeit. In der Folge befand sich Hongkong am Rande des britischen Reiches und war kaum zu verteidigen im Falle eines Konfliktes mit China. Um die chinesische Führung nicht zu provozieren, verzichteten die Briten beispielsweise lange auf die Einführung repräsentativer Wahlen. In ihrem Buch *Covert Colonialism* arbeitet Florence Mok heraus, warum in den 1970er-Jahren dennoch Reformen kamen: 1966 und 1967 kam es zu mehreren Aufständen, bei denen sich Wut auf die britischen Kolonialherren und soziale Probleme wie Armut und die schlechte Wohnungslage vermischten. Die Angst vor einem kommunistischen Umsturz in der Vorzeigekolonie trieb die Briten dazu, soziale Reformen durchzuführen, um solche Probleme abzufedern. Da man nicht noch mal von dem Unmut in der Bevölkerung überrascht werden wollte, sollte die Regierung Hongkongs ab da stärker in den Austausch mit der Bevölkerung gehen. Im Zuge dessen wurden die ersten demokratischen Reformen geplant.

Neben solchen pragmatischen Motiven wurde die britische Regierung auch von politischen Bewegungen zu Hause angetrieben. In England protestierten längst die 68er für eine neue, linke Politik und gegen den Kolonialismus. Nach den ersten sozialen und administrativen Reformen wurde Hongkong daher ab den 1980ern zunehmend demokratisiert. Die Angst vor Aufständen der Hongkonger Bevölkerung war für kurze Zeit größer als die vor den chinesischen Nachbarn, deswegen wurden indirekte Wahlen auch gegen den Widerstand des chinesischen Repräsentanten eingeführt.[2]

Erst durch diese Reformen wurde Protest in Hongkong zielführend. Solange die Verwaltung weitgehend von London aus gelenkt wurde, gab es wenig Anlass, Protestierenden entgegenzukommen. Die Regierung in London und die Regierung in Peking besprachen die Zukunft Hongkongs am Verhandlungstisch, mit Blick auf eigene wirtschaftliche und geopolitische Interessen. Was die Bevölkerung Hongkongs wollte, war nachrangig. Erst nachdem durch Reformen eine Selbstverwaltung entstand und gewählte Repräsentanten an Entscheidungen mitwirkten, gab es überhaupt jemanden, den die Protestierenden unter Druck setzen konnten. Ein britischer Parlamentarier konnte den Streik in der fernen Kolonie viel leichter ignorieren als eine gewählte Abgeordnete den Protest vor ihrer Haustür.

Protest in einer Demokratie funktioniert anders als Protest in einer Autokratie, weil Entscheidungsträger in einem demokratischen System durch Wahlen gezwungen sind, auf die Stimmung in der Bevölkerung Rücksicht zu nehmen. Und Protest funktioniert auch in der Kolonie anders als im Mutterland, weil er in der Ferne weniger Aufmerksamkeit und Sympathien erzeugt.

Friedlicher Protest, das haben wir schon in Kapitel 2 gesehen, ist erfolgreicher als nicht friedlicher Protest. Hongkong ist ein hervorragendes Beispiel, um zu verstehen, warum friedlicher Protest trotzdem kein politisches Allheilmittel ist. Ein bekanntes Argument der Politikwissenschaftlerinnen Erica Chenoweth und Maria Stephan dazu lautet, dass friedlicher Protest sympathischer ist und größere Menschenmassen mobilisieren kann.[3] Denn wer will schon auf einen Protest gehen, wenn neben einem Mitdemonstranten Brandsätze schmeißen? Moralische Gründe, aber auch die Angst, in gewalttätige Auseinandersetzungen hineinzugeraten und verletzt zu werden oder Probleme mit der Polizei zu bekommen, halten die meisten davon ab. Mit den Großeltern und Kindern geht eher protestieren, wer erwartet, dass der Protest auch friedlich bleibt. Und Arbeiten wie die von Wasow zeigen, dass friedlicher Protest auch wohlwollendere Presseberichte erzeugt und damit die öffentliche Meinung positiv beeinflussen kann.

Nur: Was bringt es, die öffentliche Meinung in einer Kolonie zu überzeugen, wenn die Kolonialherren am anderen Ende der Welt sitzen und davon unberührt bleiben? Die Entscheidungen wurden in London getroffen, also brachte es wenig, Menschen in Hongkong zu überzeugen.

Inspiration, um dieses Dilemma aufzulösen, erhielten Hongkonger Aktivistinnen aus Chicago. Denn auch dort waren die Bedingungen für Aktivismus zwischen der Großen Depression in den 1930ern, der Rassentrennung und dem Zweiten Weltkrieg nicht ideal. Trotzdem hatten Nachbarschaftsorganisationen es geschafft, verarmte Arbeiter, Kirchen und ethnische Minderheiten zusammenzubringen. Gemeinsam zwangen sie Arbeitgeber und Politik zu Zugeständnissen, beispielsweise bei Löhnen und Arbeitsbedingungen. Mittendrin: Saul Alinsky, ein Gewerkschafter und politischer Aktivist, der die Bedeutung von Nachbarschaften erkannte. Davor hatte dieser Aktivismus oft in einzelnen Betrieben stattgefunden, getragen von Eigeninteressen der Arbeiterinnen. Indem diese mit anderen benachteiligten Gemeinschaften im Viertel zusammenarbeiteten, wurde ihre Unterstützerbasis immer größer – und sie konnten mehr Druck ausüben. Wenn dann beispielsweise ethnische Minderheiten die Arbeiter erfolgreich unterstützt hatten, konnten Arbeiter leichter für Minderheitenrechte mobilisiert werden. Trotz unterschiedlicher Interessen kamen sie durch die Kooperation und die gemeinsame Identität als Nachbarn zusammen. Diese praktische Erfahrung damit, dass die Ärmsten der Armen in den Slums sich zusammenschließen, um ihren Stimmen Gewicht zu verleihen, entwickelte er zu seiner politischen Theorie des »Community Organizing«[4].

Alinsky war ein bekannter Befürworter eines pragmatischen Umgangs mit dem Staat. Dieser ließe sich nicht einfach verändern, jedenfalls nicht von den Schwächsten in der Gesellschaft. Mit begrenzten Ressourcen sollte daher *innerhalb* des Staates möglichst viel erreicht werden. Organisatoren sollten eigene, autonome Strukturen aufbauen, damit es nicht bei einer einmaligen Aktion blieb. So konnten sie möglichst effektiv ihre Interessen umsetzen und dabei pragmatisch, flexibel und kreativ sein. Und dabei ging es nicht um einzelne Erfolge, sondern um langfristige Organisation. Auch ein gescheiterter Protest kann Menschen zusammenbringen und sie Bündnisse schließen lassen, die später zu einem anderen Anlass zusammenkommen könnten. Dieser Pragmatismus ließ sich sehr gut auf die Lage in Hongkong übertragen. Unter dem Eindruck der Aufstände 1966 und 1967 schien die Verwaltung bereit, Kompromisse einzugehen. Und während das britische Weltreich kaum durch Proteste bezwingbar erschien, konnten innerhalb des bestehenden Systems Verbesserungen erzielt werden.

Das Alinsky-Modell beeinflusste die erste Generation von Organisatoren, die eine Reihe von erfolgreichen politischen Aktionen durchführten.[5] Sie bildeten Anführerinnen aus, mobilisierten Anwohner und zwangen so die Regierung zu Verhandlungen. Auch wenn sie nicht viel erreichen konnten in dem kolonialen politischen System, sammelten sie wertvolle Erfahrungen, die ihnen später während der Demokratisierungsbewegung in den 1980ern zugutekamen.[6]

Dezentrale Protestbewegungen entstanden also nicht erst 2019. Und sobald sie auch offiziell politisch tätig sein durften, standen sie bereit. Als es in Folge der Demokratisierung in den 1980er-Jahren möglich wurde, an Wahlen teilzunehmen, schlossen sich diese lokalen Gruppen erfolgreich zusammen. Und schafften es in die Verwaltung und Provinzregierung.

Als Nachbarschaftsorganisation waren ihre Ziele meist auf entsprechende lokale Themen bezogen wie steigende Wohnungspreise oder Armut in der direkten Umgebung. Für Wahlen mussten Themen besetzt werden, die über die Nachbarschaft hinausgingen. Das konnten sozialstaatliche Fragen sein wie die prekäre Wohnungslage – oder grundsätzliche Fragen zur Demokratie wie die Reform des Wahlrechts. Ob dezentral, lokal, pragmatisch mobilisiert wurde oder für ein provinzweites Ziel wie Demokratisierung, wurde danach entschieden, was gerade erfolgversprechender war. Die politische Lage spielte eine große Rolle dabei, welche Vorgehensweise Aktivisten wählten. Und diese politische Lage veränderte sich nach 1997 stark.

Denn 1997 übergab das Vereinigte Königreich Hongkong an China. Ein Abkommen zwischen den Briten und Chinesen und ein 1990 verabschiedetes chinesisches Gesetz garantierten zwar unter dem »Ein Land, zwei Systeme«-Prinzip, dass das politische und wirtschaftliche System Chinas nicht auf Hongkong übergreifen würde. Diese Regelung sollte aber nur 50 Jahre gelten, also bis 2047 – woraufhin Hongkong die Integration in den chinesischen Staat drohen würde. Zudem wurden diese Garantien zwischen dem ehemaligen Kolonialherren und dem künftigen Machthaber beschlossen. Wer garantierte also politische Rechte für Hongkongerinnen, wenn die chinesisch-britischen Beziehungen in der Zukunft schlechter würden? Und wer sicherte zu, dass China nicht schon vor Ablauf der Frist damit anfing, politische Rechte in der Provinz zu beschneiden, um den Übergang 2047 einfacher zu gestalten? Gebannt blickten Hongkongerinnen auf die Demokratiebewegung in China, die brutal niedergeschlagen wurde. Das im vorherigen Kapitel erwähnte Massaker auf dem Tian'anmen-Platz 1989 zeigte deutlich, wie sehr die chinesische Führung an der Macht festhielt – und nährte die Sorge, dass ein vergleichbar harter Kurs auch Hongkong drohen könnte.

Anders als die Briten hatten die neuen Machthaber wenig Grund, eine Demokratisierung Hongkongs voranzutreiben. Denn während die britische Regierung zu Hause von linken

Bewegungen unter Druck gesetzt wurde, Demokratie zu fördern, hatte die chinesische Führung kritische Stimmen auf dem Festland unterdrückt. Wo die Demokratisierung in Hongkong also nicht »von oben« verordnet wurde, forderten Demonstranten sie »von unten« selbst ein. In den 2000er-Jahren wuchs, aus zahlreichen dezentralen und lokalen Initiativen, eine breit verankerte Protestbewegung heran. Die *Washington Post* beschrieb schon 2000, wie Ärzte und Sozialarbeiterinnen gegen Kürzungen protestierten – im Abstand von wenigen Stunden. Zahlreiche Proteste – von Hauseigentümern, Anwohnern, politischen Aktivistinnen – fanden an einem einzigen Wochenende statt. Gerade einmal drei Jahre nach der Übergabe an China wurde Hongkong so, in den Worten der *Washington Post*, zur »Stadt des Protests«.[7]

Die Aktivisten trieb es auch auf die Straße, weil sie desillusioniert waren von den gewählten Repräsentanten. Denn das komplizierte eingeschränkte Wahlrecht erschwerte es ihnen, Veränderungen an der Wahlurne zu bewirken. Ihnen blieb so nur der Weg über die öffentliche Meinung. Ihr größter Erfolg dürfte die verhinderte Einführung eines Nationalen Sicherheitsgesetzes sein. Am 1. Juli 2003 gingen etwa eine halbe Million Menschen auf die Straße[8] – eine bis dahin beispiellose Mobilisierung. Sie befürchteten, dass das Sicherheitsgesetz demokratische Rechte aushebeln würde, um chinesische Interessen zu schützen. Formal gesehen hatte die Provinzregierung keine andere Wahl: Mit dem Artikel 23 hatte die chinesische Regierung sie aufgefordert, ein solches Gesetz zu erlassen. Der Druck auf der Straße wurde nun aber so groß, dass die Provinzregierung das Gesetz verschob – auf unbestimmte Zeit. Erst 2019 versuchte sie sich erneut an einer Einführung.

Diese breite Allianz, die sich für mehr Demokratie einsetzte, hielt nur kurz. Sie umfasste sehr unterschiedliche Gruppen, die sich in wenig einig waren außer darin, dass sie eine erneute Autokratisierung verhindern wollten. Das führte zum Beispiel dazu, dass Parteipolitikerinnen sich zurückhalten mussten, um Aktivisten, die Parteien eher misstrauten, nicht abzuschrecken und damit die Allianz zu gefährden.[9] Solche Massenbewegungen bildeten sich kurzzeitig zu einem bestimmten aktuellen Thema und zerfielen dann wieder. Die einzelnen Teilgruppen und Politikerinnen engagierten sich anschließend wieder für die Themen, die ihnen mehr am Herzen lagen wie Wohnungsmangel, religiöse Rechte oder Umweltschutz. Aber die Massendemonstrationen schafften ein politisches Bewusstsein und problematisierten öffentlich Demokratiedefizite.

Wie kreativ und spontan dabei vorgegangen werden konnte, wurde 2014 deutlich. Chinesische Behörden stoppten den Verkauf von Regenschirmen, Schutzhelmen und schwarzen T-Shirts nach Hongkong.[10] Was war geschehen? Die Polizei hatte vorher in zahlreichen Protesten Pfefferspray benutzt, um die Aktivistinnen zu vertreiben. Anstatt zurückzuweichen, klappten diese ihre Regenschirme auf und schützten sich gegen das Spray. So wurden Regenschirme zum Symbol der Bewegung, Aktivisten nutzten sie und benannten sogar die Bewegung nach ihnen. Das Bild des sogenannten »Umbrella Man«, wie er mit zwei Regenschirmen mitten in Tränengas steht, ging um die Welt. Er wurde, ähnlich zum bereits erwähnten »Tank Man« in China 1989, zum Gesicht der Bewegung.[11] Immer mehr Protestierende begannen außerdem schwarze T-Shirts und Helme zu nutzen, um sich zu erkennen und vor der Polizeigewalt zu schützen.

Der Politikwissenschaftler Ngok Ma führte 2014 eine Befragung durch. Sein Team wählte zufällig Menschen aus, die sich an Platzbesetzungen beteiligten. Und stellte fest, dass die meisten von ihnen spontan dazugekommen waren, ohne eine große

Organisation oder Anführerinnen, die sie mobilisiert hatten. Ausschlaggebend für ihr Erscheinen sei die Polizeigewalt gewesen. Und obwohl sie vorher den Protesten nicht direkt verbunden waren, sagten 5 von 53 befragten Personen, dass sie bereit wären, für die Bewegung zu sterben, und 22 konnten sich vorstellen, für ihre Anliegen ins Gefängnis zu gehen – ziemlich drastische Aussagen, wenn man gerade erst neu zu einer Bewegung dazugestoßen ist. Sie ist umso drastischer, führt man sich ein anderes Ergebnis der Befragung vor Augen: Die meisten glaubten gar nicht an einen Erfolg der Bewegung. Nur 6 Personen konnten sich vorstellen, dass am Ende die Regierung nachgeben würde.[12]

Bezeichnend für die Proteste 2014 war die basisdemokratische Organisation, die schon damals spontan und wenig zentral organisiert wurde. Trotzdem wurden die wenigen Strukturen nach der Bewegung zerschlagen. Immerhin gab es einige bekanntere Gesichter wie die damals 17-jährigen Studentenführerinnen Joshua Wong und Agnes Chow. Wie sie wurden viele von ihnen verhaftet und verfolgt, andere gingen ins Exil. Ihr Ziel konnten sie nicht erreichen. Sie wollten verhindern, dass ein von Peking kontrolliertes Gremium aussucht, wer für die Wahlen zum Regierungschef Hongkongs kandidieren kann.[13] Obwohl sie die Proteste lange durchhielten, zeitweise hunderttausend Menschen mobilisierten und weltweit Schlagzeilen machten, konnten sie ihre Forderungen nicht durchsetzen. Die Demokratisierung Hongkongs blieb weiterhin aus.

Die Proteste zeigten aber gleichzeitig die weitreichende Unzufriedenheit in der Bevölkerung und die Innovationskraft der Protestierenden, die immer wieder neue Taktiken fanden, um die Polizei zu stören und sich gegen eine Zerschlagung zu wehren. Ihr wunder Punkt waren ihre Anführer und Organisationen, die nach dem Ende der Proteste schnell zur

Zielscheibe der Politik wurden und besonders gefährdet waren. Sie hatten sich an zentralen Orten gesammelt, wo die Polizei sie über einen langen Zeitraum beobachten, identifizieren und verfolgen konnte. Gegen dezentrale Taktiken aber, wie die Verwendung von Regenschirmen, konnte der Staat nur wenig machen – selbst ein Verkaufsverbot bewirkte wenig, weil es schließlich bereits viele Regenschirme in Hongkong gab, die meisten Menschen besaßen welche, und Verbote bei Alltagsgegenständen nur schwer durchzusetzen sind.

Also verzichteten die Protestierenden 2019 einfach darauf, sich zentral zu organisieren.

Die Regierung Hongkongs stellte im Februar 2019 den Entwurf eines Auslieferungsgesetzes vor, das es ermöglichen sollte, Verdächtige nach Taiwan, China und Macau zu überführen. Anlass war der Mord an der schwangeren Poon Hiu-wing durch ihren Freund. Sie stammte aus Shenzhen, einer Stadt auf dem chinesischen Festland, er aus Hongkong, wo beide lebten. Es hieß, er habe sie während eines gemeinsamen Urlaubs in Taiwan getötet. Danach sei er zurück nach Hongkong gereist, wo ihn die Hongkonger Behörden weder für den Mord verurteilen noch nach Taiwan ausliefern konnten. Hongkong besaß zwar ein Auslieferungsgesetz; das verbot es aber, Verdächtige nach China oder in andere Teile Chinas auszuliefern. Und weil China die Unabhängigkeit Taiwans nicht anerkennt, behandelt auch die Hongkonger Regierung Taiwan als Teil Chinas. Ein direktes Auslieferungsabkommen zwischen Hongkong und Taiwan war aus demselben Grund nicht möglich – jedenfalls nicht, ohne damit indirekt die Unabhängigkeit Taiwans anzuerkennen und den Zorn Chinas auf sich zu ziehen.[14] Wenn die Lokalregierung Verdächtige nach Taiwan ausliefern wollte, blieb also nur, das Auslieferungsverbot nach

China aufzuweichen. Also wurde eine Gesetzesvorlage beschlossen, die die Auslieferung von Verdächtigen nach China ermöglichen sollte. Die Opposition in Hongkong fürchtete eine Aufweichung der Autonomie: Kritische Stimmen oder als Oppositionelle in China gesuchte Menschen könnten jetzt in die Hände des chinesischen Staates gelangen. Ab März kamen Protestierende vor dem Regierungssitz zusammen. Auch im Regierungssitz gab es Widerstand, weil oppositionelle Parlamentarier aus dem Demokratisierungslager versuchten, die Einführung zu verhindern oder zumindest zu verzögern. Die Proteste wuchsen schneller als alle vorherigen, im Juni galten sie als die größten, die Hongkong je erlebt hatte. Die Situation weitete sich derart aus, dass Regierungschefin Carrie Lam den Gesetzesentwurf im Oktober 2019 zurückzog. Doch es war zu spät, damit die Protestbewegung zu besänftigen, die bereits vier weitere Forderungen aufgestellt hatte: inhaftierte Protestierende freizulassen, anzuerkennen, dass es sich um friedliche Proteste und nicht um einen Aufstand handelte, eine unabhängige Kommission für Polizeigewalt während der Proteste sowie den Rücktritt Carrie Lams bei gleichzeitiger Einführung des uneingeschränkten Wahlrechts. Die ersten drei Forderungen richteten sich an den Umgang mit den Protesten, die letzte stammte direkt aus der Demokratisierungsbewegung und knüpfte an die Konflikte um die Wahl des Regierungschefs wenige Jahre zuvor während des »Umbrella Movement« an.

Diese Forderungen waren für die Regierung Hongkongs inakzeptabel. Den Gesetzesentwurf konnte sie zurückziehen und dabei ihr Gesicht wahren – ähnlich war es ja 2003 gelaufen. So wäre der Status quo bewahrt worden. Die Protestierenden hätten eine Autokratisierung verhindert, allerdings keine Veränderung in ihrem Sinne bewirkt. Die zusätzlichen Forderungen zielten jedoch auf eine Veränderung zugunsten der Demokratisierungsbewegung ab. Und das hätte einen deutlichen Sieg der Hongkonger Zivilgesellschaft über die Regierung bedeutet. Das eigentliche Problem war aber nicht die Regierung Hongkongs, sondern die Chinas: Eine Demokratisierung war ohne ihre Zustimmung nicht möglich. Und die chinesische Regierung stand unter sehr viel weniger Druck als die Hongkonger, weil ihre Machtbasis sich auf dem Festland befindet und nicht auf der Halbinsel.

Carrie Lam, das muss man sich vor Augen führen, lebt in Hongkong. Sie wurde im wohlhabenden Viertel Wan Chai geboren, einen Katzensprung entfernt vom Regierungsviertel. Als also am 12. Juni 2019 Zehntausende vor dem Regierungsgebäude protestierten und von Polizisten mit Tränengas und Gummigeschossen angegriffen wurden, traf das auch »ihre« unmittelbare Nachbarschaft. Und die Menschen, die sich jetzt teils Straßenschlachten lieferten, musste sie bei Wahlen davon überzeugen, sie zu wählen und zu unterstützen. Ihre Karriere beruhte darauf, die Unterstützung Chinas und der Hongkonger Eliten nicht zu verlieren, während sie gleichzeitig ein Maß an öffentlicher Unterstützung wahrte.

Friedlicher Protest gilt allgemein als erfolgreicher als politische Gewalt, aber es ist wichtig, sich den Grund und den Mechanismus dahinter anzuschauen: Friedlicher Protest schafft es, mehr Menschen mitzureißen und so zu wachsen. Mehr Teilnehmerinnen heißt jedoch nicht automatisch, dass der Protest deshalb auch erfolgreicher wird. Entscheidend ist vielmehr: Friedlicher Protest ist sehr viel besser dazu geeignet, die öffentliche Meinung zugunsten der Protestierenden zu beeinflussen. Selbst wenn es zu Gewalt kommt, profitieren Protestierende, solange die Gewalt nicht von ihnen ausgeht – als Opfer staatlicher Gewalt können sie die öffentliche Meinung zu ihren

Gunsten beeinflussen, selbst wenn jetzt weniger Menschen mitprotestieren wollen.

Die öffentliche Meinung aber ist für eine Politikerin wie Carrie Lam, die an (unfreien) Wahlen teilnimmt, wichtiger als für chinesische Politiker, die sich gar keinen Wahlen stellen müssen. Sie spielt für eine Politikerin, die vor Ort wohnt, die sich mit Menschen austauscht und trifft, eine viel größere Rolle als für jemanden, der Hunderte Kilometer entfernt lebt und in seinem Alltag keinen Bezug zur öffentlichen Meinung in Hongkong hat. Wenn es zu Polizeigewalt in Hongkong kam, berichtete die relativ freie hongkonger Presse, die staatsgelenkte chinesische Presse aber so gut wie gar nicht. Auch deswegen ließen sich die Lokalpolitiker viel stärker beeinflussen. Die Protestierenden konnten so Druck auf lokale Politikerinnen ausüben, aber nur sehr schwer auf chinesische Politiker.

Seit jeher gab es somit klare Grenzen, was Protest in Hongkong ausrichten konnte. »Defensiv«, also um vom Staat gewollte Reformen zu verhindern, konnten sie einiges in Bewegung setzen – die monatelange Blockade der Wirtschaft und des öffentlichen Lebens wurde den Verantwortlichen irgendwann zu teuer und zu unangenehm, also nahmen sie Veränderungen zurück. »Aktiv«, also um politische Veränderungen im Sinne der Aktivistinnen zu erzwingen, waren sie viel weniger erfolgreich – die Lokalpolitik, die sie gut unter Druck setzen konnten, traf viele Entscheidungen nicht selbst und wurde von China unter Druck gesetzt, nicht zu nachgiebig zu sein gegenüber den Demonstrierenden. Carrie Lam sprach davon, zwei Herren zu dienen, der Hongkonger Bevölkerung und der chinesischen Führung – und davon, wie wenig Spielraum ihr blieb bei diesem Spagat.[15] Während der Proteste stand immer wieder im Raum, dass China militärisch intervenieren könne, um sie gewaltsam zu beenden.[16]

Damit drohte der Provinzregierung gar die Entmachtung. Chinas Einmarsch mit einem Vielfachen der Truppenstärke, die Hongkong zur Verfügung stand, wäre ein Novum gewesen und hätte die Trennung der beiden politischen Systeme weiter ausgehebelt. Für die Protestierenden wäre es auch eine dramatische Verschlechterung gewesen. Es ist gut belegt, dass Truppen rücksichtsloser vorgehen, je weniger sie dort verankert sind, wo sie eingesetzt werden. Wer schießt schon gerne auf Nachbarn? Oder zerstört das eigene Viertel? Von Truppen vom Festland sind solche Skrupel weniger zu erwarten. Autoritäre Regime machen sich das gerne zunutze, indem sie Truppen rotieren. Gerade bei Besatzungen sollen die Truppen möglichst keine Sympathien für die Bevölkerung entwickeln. Fremde Einheiten, die immer wieder bewegt werden, können viel leichter Gewalt einsetzen.

Dass die Provinzregierung unter Druck stand, Gewalt einzusetzen, wusste die Protestbewegung. Sie hatte das ja schon 2014 erlebt. Deswegen organisierten Protestierende sich sehr schnell dezentral. Anstatt an zentralen Orten zu demonstrieren, wo Proteste schnell aufgelöst werden können, setzten sie bald auf sehr viele kleinere Proteste, die sich auflösten, sobald die Polizei Präsenz zeigte. Besonderen Wert legten sie auf Anonymität, um zu verhindern, dass es zu langen Haftstrafen oder ähnlichen Konsequenzen kam. Dazu verhüllten sie sich mit Masken, zerstörten Überwachungskameras und nutzten Pseudonyme im Internet.[17] Sie fanden Möglichkeiten, sich schnell abzusprechen, ohne dass einzelne Personen zur Zielscheibe des Staates wurden.

Bekannt wurde beispielsweise ein Dokument, das verschiedene »Klassen« beschreibt, die Protestierende wie in einem Videospiel auswählen konnten.[18] Zu jeder »Klasse« gehörte eine Ausrüstung und Aufgabe, die auf dem Protest ausgeübt wurde:

»Der Feuerlöscher« beispielsweise sollte Tränengas bekämpfen, indem er die Kanister mit einem Tennisschläger zurückwarf oder mit einem Verkehrskegel abdeckte. Mit Apps berichteten Protestierende, wo sie Polizeieinheiten sahen – damit andere Protestierende zeitnah reagieren und ihnen ausweichen konnten. Jedenfalls taten sie das, bis Apple diese Apps aus dem offiziellen Store nahm. Apple reagierte damit auf Druck aus China und berief sich darauf, dass die App nach Angaben der Lokalregierung gegen Hongkonger Gesetze verstoße.[19] Aber auch Apps benutzten die Hongkongerinnen dezentral: Weil solche technischen Lösungen schnell zum Ziel von Zensurbehörden und staatlichen Hackern wurden, setzten sie auf Kommunikation über Bluetooth. Bluetooth lässt sich nur schwer verfolgen, da diese Technologie ohne Internet funktioniert und eine Verbindung direkt zwischen zwei Geräten herstellt, ohne den Umweg über Server und Telekommunikationskonzerne. So verzeichnete die App Bridgefy, mit der dies möglich ist, ein Wachstum von fast 4000% innerhalb von zwei Monaten.[20] Protestierende konnten damit schnell Informationen teilen und kommunizieren.

Wichtig ist dabei jedoch: *Schwer* verfolgbar heißt nicht *un*verfolgbar. Auch Bluetooth ist angreifbar. Jede genutzte Technologie und App wirft Fragen der Verschlüsselung und des Missbrauchs auf.[21] Bluetooth erfordert aber eine andere Art der Verfolgung und einen hohen Aufwand für Behörden, die umdenken müssen und auf diese Strategien reagieren. Gerade chinesische Behörden haben einen enormen Vorsprung, wenn es um die Kontrolle des Internets geht, sie haben jahrzehntelange Erfahrung in der Zensur und Verfolgung im digitalen Raum. Durch eine Kommunikation, die das Internet umgeht, umgingen Protestierende auch diese Stärke des chinesischen Staates. Und zwangen ihn dazu, während eines laufenden Protestes neue Formen der Repression zu finden und auszubauen, immer hoffend, dass er dabei gravierende Fehler macht oder schlicht überfordert ist.

Das ist letztendlich auch die Quintessenz der Strategie »Seid Wasser«: Durch Flexibilität suchten Protestierende immer nach einem gangbaren Pfad, wichen dem Staat dort aus, wo er besonders stark schien, und schwächten ihn dort, wo er besonders schwach erschien.

Ende 2019 schienen die Protestierenden so stark wie nie. Bei den Wahlen am 24. November 2019, knappe fünf Monate nach Beginn der Proteste, erzielte das Pro-Demokratie-Lager einen historischen Erfolg und gewann 265 Sitze dazu, während das Pro-Peking-Lager 242 Sitze verlor. Die Wahlbeteiligung stieg um 24%, ebenfalls ein historisches Hoch. Und die Proteste hielten weiterhin an, trotz zunehmender Gewalt und wenig Anzeichen, dass China nachgeben würde. Der Wahlerfolg führte aber auch dazu, dass die bis dahin führerlose Bewegung, nun da sie stark vertreten war im Parlament, plötzlich Gesichter hatte. Und gegen diese konnten Behörden vorgehen, sobald die Proteste nachließen. Solange noch Hundertausende auf den Straßen waren, setzte dies der Reaktion des Staates Grenzen, weil die Sorge einer weiteren Eskalation im Raum stand. Nach mehr als einem halben Jahr waren die Protestierenden aber zunehmend erschöpft, Sicherheitskräfte hatten Tausende verhaftet, und die Studierenden, lange ein besonders aktives Rückgrat der Bewegung, wurden in der Polytechnischen Universität von Polizisten regelrecht belagert.

Und dann kam Covid-19.

Weltweit profitierten Regierungen davon, dass Protestierende den öffentlichen Raum wegen Covid-19 verlassen mussten.[22] Denn die Pandemie machte es sehr schwer, Menschen auf die

Straße zu bringen. Die zaghafte Reaktion Carrie Lams feuerte Anfang 2020 noch kurzzeitig neue Proteste an, weil diese die Grenze zu China nicht schließen wollte und die katastrophalen Vertrauenswerte der Regierung Anti-Covid-Maßnahmen erschwerten.[23] Die Protestbewegung, die ja zu einem großen Teil Wurzeln in der Sozialarbeit hatte, nahm die Pandemiebekämpfung in die eigene Hand. Sie informierte über die Pandemie und setzte die Regierung unter Druck, effektiver gegen das Virus vorzugehen.[24] Hongkong während der Pandemie war ein klassisches Beispiel für einen schwachen Staat, aber eine starke, sich selbst organisierende Gesellschaft. Aber: Weil die Versammlungsverbote nicht nur staatliche Schikanen waren, sondern einer realen Gefahr durch die Pandemie entsprangen, hielten sich immer mehr Menschen daran.

Die ohnehin ermüdeten Aktivistinnen konzentrierten sich jetzt zusätzlich auf Pandemiebekämpfung und konnten immer weniger Menschen auf die Straße bringen, während der Staat die Pause nutzte, gegen ihre sichtbarsten Figuren vorzugehen. Die für 2020 angesetzten Wahlen, zu denen die Demokratiebewegung mobilisieren wollte, wurden unter dem Vorwand der Pandemiebekämpfung verschoben und Kandidatinnen der Opposition ausgeschlossen. Zahlreiche ihrer Kandidaten wurden verhaftet, disqualifiziert oder zogen ihre Kandidatur zurück. Schließlich entschlossen sie sich zu einem Boykott, der 2021 einen Sieg des Pro-China-Lagers besiegelte – die Wahlbeteiligung halbierte sich auf 30%, bei den Lokalwahlen zwei Jahre zuvor hatte sie noch bei 72% gelegen. Darüber hinaus setzte die prochinesische Regierung eine Wahlreform durch, die es so gut wie unmöglich machte, dass die Opposition gewinnen konnte, und erließ ein nationales Sicherheitsgesetz, das Behörden weitgreifende Möglichkeiten gab, gegen Oppositionelle vorzugehen. Dass das Sicherheitsgesetz im Juni 2020 und die Wahlreform im März 2021, also mitten in der Pandemie, durchgesetzt wurde, half der Regierung dabei, keine neuen Massenproteste hervorzurufen. Immerhin lenkten ganz andere Probleme die Gesellschaft ab, und die Opposition war bereits deutlich geschwächt.

Das Ergebnis ist ernüchternd: In der Folge setzten sich zahlreiche Aktivistinnen ab. Ende 2021 berichteten Schulen von sinkenden Erstklässlerzahlen, um etwa 10 Prozent verglichen mit dem Vorjahr – weil die Eltern das Land verlassen hatten. Insgesamt ist die Bevölkerung Berichten zufolge geschrumpft; es fehlten vor allem Fachkräfte, weil die wohlhabenderen Schichten mobiler waren und leichter auswandern konnten.[25] Kritische Medien wurden aufgelöst, kritische Lehrerinnen unter Druck gesetzt, Künstler zensiert. Protestierende gingen weiterhin auf die Straße, aber unter immer strengeren Auflagen. Leere Blätter wurden zum Symbol der Proteste gegen das Nationale Sicherheitsgesetz, um auf die drohende Zensur hinzuweisen. Eric Siu, ein Hongkonger Künstler, der in Tokio lebt, sprach in einem Interview davon, wie er nie dachte, sich jemals selbst zu zensieren. Aufgrund des Nationalen Sicherheitsgesetzes sehe er jetzt die Selbstzensur als Kunstform.[26] Bis 2023 schließlich hatten einige der Gesichter der Proteste unter dem Druck der Behörden die Seiten gewechselt und sagten nun in Schauprozessen gegen ihre einstigen Kameraden aus.[27]

Die Protestbewegung ist damit, wie bereits 2014, niedergeschlagen. Sie hat schwere Rückschläge erlebt: Die wenigen demokratischen Institutionen Hongkongs wurden nicht, wie seit Jahrzehnten gefordert, ausgebaut, sondern sogar zurückgefahren. Ein Großteil der Akteure wurde verhaftet oder ins Ausland getrieben. Die Proteste verdeutlichten die Grenzen von Protest gegen eine externe Macht. Ob britischer Kolonisator oder chinesischer Zentralstaat, wo die beherrschte Bevölkerung eine andere ist als die regierende Bevölkerung, schwindet die Effektivität von Protest. Der Besatzungsmacht kann die öffentliche Meinung der besetzten Bevölkerung egal sein. Selbst wenn die Protestierenden eine deutliche Mehrheit auf ihrer Seite wähnen, wie die Wahlen Ende 2021 zeigten, bringt diese Mehrheit nichts – weil sie eben nicht regiert. Die Bevölkerung des chinesischen Festlandes bildet die Unterstützungsbasis der chinesischen Regierung, ihre Meinung ist entscheidender. So wie die Reformen in der britischen Ära erst erfolgten, als die öffentliche Meinung in London umschwang, wären Reformen in Hongkong erst möglich, wenn Peking seinen Kurs ändert. Und dieser ist weitgehend unabhängig von der Politik Hongkongs.

Gleichzeitig haben die dezentralen Strategien und die Stärke der Hongkonger Gesellschaft dennoch gezeigt, wie widerstandsfähig die Opposition ist. Ihre Methoden und Taktiken konnten die Regierung kurzzeitig lähmen und überfordern, und zwar so weit, dass sie zeitweise nachgeben musste. Weil sich die Opposition ohne Anführer konstituierte, ist sie durch Repressionen auch schwer dauerhaft zu zerschlagen, die Proteste könnten bei der nächsten Provokation wieder losgehen. Sie können Peking kaum in die Knie zwingen, aber doch so lästig sein, dass die Behörden sich gut überlegen, ob etwas mehr politische Kontrolle solche sozialen und wirtschaftlichen Verwerfungen wert ist. Ohne einen Meinungsumschwung in China werden sie kaum eine Demokratisierung erzwingen können. Aber solange es zu keiner vergleichbaren Krise wie der Pandemie kommt, können sie eine weitere Autokratisierung erheblich erschweren.

5

Fließende Übergänge –
Soziale Bewegungen
in Deutschland

An einem Januarwochenende 2024 gehen deutschlandweit
rund eine Million Menschen auf die Straße. Und in diesem Fall
heißt deutschlandweit auch wirklich deutschlandweit: Selbst in
Kleinstädten wie Herrenberg, eine Stunde südlich von Stuttgart, kommen 6000 Menschen zusammen – bei einer Einwoh-
nerzahl von knapp 31 000. Im niedersächsischen Lingen, ganz
im Norden der Republik, wo 52 000 Menschen leben, sind es
10 000 Demonstrierende. Der Anlass? Gerade ist bekannt geworden, dass bei einem Geheimtreffen im November 2023 in
einer Villa nahe Potsdam zwischen Vertretern der AfD und
Rechtsextremen über Deportationen von zahlreichen Menschen aus Deutschland gesprochen worden sein soll. Von Asyl-
bewerbern ist da die Rede, von Migranten mit Bleiberecht und
Deutschen, die vor zwei oder drei Generationen migrierte Vor-
fahren haben und sich laut den Anwesenden nicht genug in
die Gesellschaft eingefügt hätten, aber auch von Menschen, die
sich für Migrantinnen engagieren.

Die Proteste entwickeln eine enorme Dynamik. Innerhalb
kurzer Zeit werden aus Tausenden Hunderttausende, die ein
Zeichen gegen Rechtsextremismus setzen, ohne dass es zu Beginn klare Ziele gibt. Der Protest wird getragen von Empörung. In Umfragen liegt die AfD zu dieser Zeit bei 22 %, meh-

rere Wahlen stehen an: in Europa und in den Bundesländern Sachsen, Thüringen und Brandenburg, wo es immer schwerer sein könnte, eine Mehrheit ohne die Partei zu bilden. Die AfD befindest sich im Umfragehoch – und das lässt diese Gespräche umso bedrohlicher erscheinen. Die Sorge darüber bricht sich auf der Straße Bahn. Und wirft die Frage auf: Kann aus dieser Empörung eine dauerhafte Bewegung werden?

Die jüngsten Proteste gegen rechts verdeutlichen die Herausforderung, aus einem Protest mehr zu machen als einen symbolischen Akt, mehr als ein kurzes Strohfeuer. Reicht es denn, große Menschenmassen auf die Straße zu bringen, um die Demokratie gegen Verfassungsfeinde zu schützen? Wie schnell ein solcher Gegenprotest verpuffen kann, haben bereits die 1990er-Jahre gezeigt. Schon damals protestierten Hunderttausende gegen rassistische Ausschreitungen. Kurz zuvor hatten Asylheime gebrannt – das bis heute im kollektiven Gedächtnis verhaftetste Beispiel diesbezüglich ist Rostock-Lichtenhagen. Die politische Mitte zeigte Gesicht, von linken Gruppen über kirchliche Vereine. Die Politik setzte jedoch ungeachtet dieser Proteste innerhalb kurzer Zeit eine Verschärfung des Asylrechts durch, die die sogenannte Drittstaatenregelung einführte: Wer über ein EU-Land oder einen dritten Staat, der als sicher gilt, nach Deutschland einreist, hat seitdem keinen Anspruch auf Asyl, egal, wie schlecht die Lage im Herkunftsland ist.

Die rechtsextreme Terrorgruppe »Nationalsozialistischer Untergrund«, kurz NSU, gründet sich kurze Zeit später und verübt in den 2000er-Jahren, von der Öffentlichkeit unbemerkt, eine rassistisch motivierte Mordserie. Sie töten zehn Menschen, bundesweit: Enver Şimşek, Abdurrahim Özüdoğru, Süleyman Taşköprü, Habil Kılıç, Mehmet Turgut, İsmail Yaşar, Theodoros Boulgarides, Mehmet Kubaşık, Halit Yozgat und

Michèle Kiesewetter. Behörden verschleppten die Ermittlungen, verdächtigten teils die Angehörigen der Ermordeten. Erst nach der Selbstenttarnung des NSU wurde bestätigt, was Angehörige lange vermutet hatten: dass ihre Familienmitglieder von Rechtsextremen ermordet wurden. Was hatten die Proteste gegen rassistische Ausschreitungen also gebracht? Weder konnten sie die Asylrechtsverschärfungen aufhalten noch die rassistische Gewalt beenden. Im Gegenteil, mit dem NSU mündete die Gewalt gar in neuen Terror.

Während der Protest auf den kurzfristigen Effekt setzt, ein Zeichen setzen oder eine konkrete Maßnahme korrigieren will, benötigt eine soziale Bewegung einen langen Atem. Denn die Hürde für eine soziale Bewegung ist ein ganzes Stück höher als die für Proteste. Aus Empörung auf die Straße zu gehen ist leicht, dauerhafte politische Veränderungen zu erzeugen hingegen braucht Zeit und Ressourcen. Folglich entwickeln sich nur wenige Proteste zu sozialen Bewegung. Ob aus dem Protest auch eine solche Bewegung wird, ist schwer vorherzusagen. Sicher ist nur: Es ist alles andere als ein Selbstläufer.

Wenn ein Ereignis oder eine Enthüllung für Empörung sorgen, können schnell Massenproteste entstehen. Nach der russischen Invasion der Ukraine am 24. Februar 2022 gingen in Berlin zwei Tage später Hunderttausende aus Solidarität mit der Ukraine auf die Straße.[1] Wie wichtig der Schock für die Mobilisierung ist, zeigt der Blick auf die Proteste ein Jahr später. 2023 verzeichnete die Solidaritätsdemonstration mit der Ukraine nur noch knapp 10 000 Teilnehmende.[2] Das ist immer noch eine beachtliche Zahl, zeigt aber auch, welchen Unterschied eine akute Empörung, ein spontaner Anlass machen kann. Nur ein Bruchteil der Protestierenden, die anfangs dabei waren, geht jetzt noch für die Ukraine auf die Straße. Um auch ein Jahr später noch zu mobilisieren, braucht es viel Durchhaltevermögen und Organisationsfähigkeit. Und eben mehr als den *moral shock*[3], die kurzfristige Empörung über ein Ereignis, die bald wieder in den Hintergrund tritt. Emotional kann ich mich ja kaum dauerhaft empören, der Schock funktioniert, weil er außergewöhnlich ist. Über Zeit gewöhne ich mich aber an das, was mich schockiert oder andere Ereignisse, andere Krisen erfordern meine Aufmerksamkeit und emotionale Bandbreite. Eine emotionale Reaktion ist deswegen nicht nachhaltig, sie kann einen Protest nicht dauerhaft tragen.

Soziale Bewegungen hingegen funktionieren genau andersherum: Ihre Wirkung erschließt sich erst mit der Zeit. Sie entstehen häufig aus regelmäßig stattfindenden zusammenhängenden Protesten, die von unterschiedlichen Personen und Gruppen getragen werden.

Spontaner Protest kann auf ein konkretes Gesetz (zum Beispiel das Hongkonger Auslieferungsgesetz) hinweisen und es verhindern. Nur eignet sich nicht jedes Thema für einen einzelnen Protest. Politik ist oft komplizierter und langfristiger angelegt als die Empörung über einen konkreten Anlass. Wenn mir nicht ein einzelnes Gesetz auf den Nägeln brennt, sondern eher ein politisches Thema wie Feminismus, dann geht es auch nicht um diese eine konkrete Sache, gegen oder für die ich protestieren kann. Sondern es geht um zahlreiche Themen: Vielleicht geht es um eine Reform des Eherechts, die wiederum aus einer Gesetzesänderung zum Scheidungsrecht und einer Änderung des Steuerrechts besteht. Oder es geht um den Gender-Pay-Gap, also dass Frauen im Durchschnitt schlechter bezahlt werden als Männer. Vielleicht geht es auch einfach um Repräsentation in Parlamenten.

Ob ich das Eherecht, die Gehälter oder den Anteil von Frauen in Parlamenten verändern will, macht einen großen Unterschied. Denn ich spreche jeweils andere Zielgruppen an:

Wenn ich das Eherecht ändern will, muss ich Druck auf meinen Abgeordneten ausüben, wenn ich die Tarifverträge beeinflussen will, ist mein Adressat die Arbeitgeberin, und den Anteil von Frauen in Parlamenten kann meine Partei mitbeeinflussen, weil sie Kandidaten nominiert. Wenn ich nicht weiß, wer zuständig ist, kann ich diese Person auch nicht kontaktieren. Meine Forderung landet vielleicht im falschen Postfach und wird nie gelesen. Und selbst wenn ich die Adressatin kenne, benötige ich auch noch sehr spezifisches Wissen, was jetzt genau geändert werden soll. Wie viele Menschen können spontan sagen, wie genau die Besteuerung von Ehepaaren funktioniert und inwiefern dies aus feministischer Sicht gut oder schlecht ist? Das muss ich aber wissen, um meinen Abgeordneten zu sagen, was sie ändern sollen. Viel wichtiger noch: Wenn ich sie überzeugen will, muss ich auch noch triftige Gründe liefern, also mehr als oberflächliches Wissen haben. Eine feministische Bewegung bringt alle diese Themen zusammen, aber es braucht einzelne Expertinnen, die sich mit den jeweiligen Teilbereichen beschäftigen. Denn gegen etwas zu sein ist einfach. Zu sagen, was man stattdessen will, sehr viel komplexer. Dafür ist sehr viel mehr Expertise nötig.

Soziale Bewegungen können diese unterschiedlichen Themen unter einem Dach vereinen und in Verbindung zueinander setzen. Sie können zum Beispiel eine Organisation aufbauen, die sich zum Ziel setzt, den Gender-Pay-Gap abzubauen, und gezielt mit Unternehmen zusammenarbeitet. Und gleichzeitig von Menschen unterstützt werden, die gegen diese Ungleichheit auf der Straße protestieren und damit zeigen, dass das Thema viel Anklang findet. Manche dieser Aktivisten, die selbst in Parteien aktiv sind, könnten dort Arbeitskreise bilden, um gezielt Frauen auf Kandidatenlisten zu setzen. Dieses Zusammenspiel von eigentlich unabhängigen Gruppen und

Bündnissen lässt es zu, dass sie sich spezialisieren und trotzdem bei dem großen verbindenden Thema zusammenkommen und sich gegenseitig unterstützen.

Die beiden Protestforscher Donatella della Porta und Mario Diani beschreiben soziale Bewegungen deswegen auch als informelle Netzwerke mit geteilten Werten, die zu politischen Konflikten mobilisieren und eine gemeinsame Identität teilen.[4]

Sie sind häufig das Ergebnis von Protestbewegungen, wenn der anfängliche Schock verflogen ist und Protestierende später nicht wieder bei null anfangen wollen. Durch die gemeinsame Erfahrung, die geteilten Ziele und den stetigen Austausch entwickeln sie Zusammengehörigkeitsgefühl. Und dass sie dabei immer mehr Expertise sammeln, war in Kapitel 2 schon Thema. Was Protestierende während der ersten Demonstration vielleicht noch »auf der Straße« lernen mussten, kann die soziale Bewegung längst. Und sie gibt dieses Wissen weiter. Wenn zum Beispiel die Letzte Generation Trainings durchführt, um sich effektiver festzukleben, sodass es für die Polizei schwieriger ist, sie zu entfernen, dann lernen sie kontinuierlich dazu und können dieses Wissen an neu hinzukommende Menschen weitergeben, sodass diese sich erfolgreich an ihrem Protest beteiligen können. Das ist nötig, um kurzfristige Empörungsmomente in langfristiges Engagement zu verwandeln.

Soziale Bewegungen haben in Deutschland eine lange Tradition. Schon die Arbeiterbewegung schaffte es im 19. Jahrhundert, eine politische Massenbewegung zu werden, die weit über die Politik hinausging. Sie forderte politische und soziale Veränderungen, setzte sich zum Beispiel für bessere Arbeitsbedingungen und den Schutz der Meinungsfreiheit ein. Die Arbeiterbewegung hatte, ähnlich wie der Katholizismus, den Anspruch, ihre Mitglieder von der Wiege bis ins Grab zu begleiten. Sie gründete dazu zahlreiche Gewerkschaften, Parteien und Genossenschaften, eigene Bildungswege, Medien und Sozialvereine. Wer in dieses Milieu hineingeboren wurde, verließ es nur selten, und aus solchen Milieus speisten sich in der Geschichte große politische Bewegungen, ob Sozialdemokratie oder Konservatismus.

Nach dem Zweiten Weltkrieg entstanden die sogenannten »Neuen Sozialen Bewegungen«, die diese starke Milieubindung durcheinanderwirbelten. Nach 1968 bildeten sich immer mehr solcher Bewegungen aus, wie die Frauenrechtsbewegung, die Umweltbewegung und die Friedensbewegung. Sie bildeten eine Vielzahl an Netzwerken und Organisationen, was unser heutiges Verständnis von sozialen Bewegungen prägte und heutigen Bewegungen noch immer als Vorbild dient.

Diese »Neuen Sozialen Bewegungen« hätte es ohne die Studentenproteste in den 1960er-Jahren wohl nicht gegeben. Der Protestforscher Dieter Rucht sieht in der Studentenbewegung eine Art Brücke zur klassischen Arbeiterbewegung, weil sie ihr inhaltlich nahestand, aber gleichzeitig informellere Organisationsformen erfand, wie sie für die »Neuen Sozialen Bewegungen« typisch sind.[5] Hatte die Arbeiterinnenbewegung noch landesweite Gewerkschaften und Arbeitervereine produziert, arbeitete die Umweltbewegung später viel stärker über lokale Initiativen und alternative Projekte. Die kreative Anarchie dieser Zeit prägt unser Bild von sozialen Bewegungen wie kaum etwas anderes.

In Deutschland dürfte die Studentenbewegung am prägendsten gewesen sein, die sich vor allem gegen die verstaubte Bonner Republik und jene Nachkriegseliten richtete, die damals das Sagen hatten, ihre NS-Vergangenheit aber nicht immer aufgearbeitet hatten. Sie waren inspiriert von linken, neomarxistischen, aber auch internationalen Ideen. Gegen die in weiten Teilen noch erzkonservative und autoritäre Gesellschaft

rebellierten sie mit radikalen Gegenentwürfen, experimentier-
ten mit alternativen Lebensentwürfen und -stilen. Die Hochschulen, bis dahin Horte des Elitismus und der alten Konser-
vativen, sollten demokratisiert werden. Sie kämpften gegen die
deutschen Notstandsgesetze, die 1968 eingeführt wurden und
es mit einer Verfassungsänderung erlaubten, in Krisen Grundrechte auszusetzen. Die Große Koalition von 1966 bot ihnen außerdem einen politischen Gegner: Wo im Parlament praktisch
keine Opposition mehr anzutreffen war (die Regierungspar-
teien verfügten über 468 von 518 Sitzen), bildete sie eine »außerparlamentarische Opposition«. Ihre Kritik richtete sich aber
nicht nur gegen die politische Situation im eigenen Land, sondern ging über nationale Grenzen hinaus: von der Ablehnung
des Vietnamkriegs, gegen den die amerikanische Jugend zeitgleich aufbegehrte, bis zur Ablehnung des iranischen Schahs,
gegen den dissidente Exil-Iraner protestierten.

Ein Schuss veränderte die Bewegung. Mit Rudi Dutschke
verloren die Studenten ihr bekanntestes Gesicht und ihren theo-
retischen Vordenker des Sozialistischen Deutschen Studenten-
bunds (SDS). Ein Rechtsextremer feuerte am 11. April 1968 auf
dem Berliner Kurfürstendamm drei Schüsse auf Dutschke, als
dieser gerade das Büro des SDS verließ. Zwei Schüsse trafen ihn
in den Kopf, einer in die linke Schulter. Dutschke erlitt lebens-
bedrohliche Verletzungen und entging nur knapp dem Tod.
Mühsam musste er sich ins Leben zurückkämpfen und starb
1979 an den Spätfolgen des Attentats. Sein Nachfolger, Hans-
Jürgen Krahl, starb ebenfalls kurze Zeit später bei einem Unfall,
und die stetig wachsende Studentenbewegung hatte sich in so
viele kleinere Gruppen und Flügel aufgesplittet, dass sie kaum
noch zusammenzuhalten war. Während nun die einen kommunistische Parteien gründeten, setzten die anderen weiterhin
auf soziale Bewegungen. In den Folgejahren gingen Umwelt-

bewegung, Schwulen- und Lesbenbewegung, Friedensbewegung, Frauenbewegung und viele andere zunehmend auf die Straße. Oft kannten sich die Protagonistinnen noch aus der Studentenbewegung, oder sie schauten sich Dinge von dieser ab. Anders als in den klassischen Bewegungen verband sie nicht eine einzige Identität, die ein Leben lang hielt. In der Regel bleibt man ja nicht für den Rest des Lebens jung, und auch Studierende schließen ihr Studium früher oder später ab. Sie hatten sich vielleicht in den Hörsälen kennengelernt und dort vernetzt, das würde aber nicht ewig so bleiben. Stattdessen verbanden sie politische Ziele und gemeinsame Erfahrungen.

Ihre Bewegungen waren auch dadurch fließender. Sie konzentrierten sich vielleicht auf ein Hauptthema, blieben aber häufig mehreren Bewegungen verbunden. Und überwanden mit der Zeit ihre anfängliche Skepsis gegenüber Institutionen. Die damaligen Protagonisten protestierten nicht ihr ganzes Leben lang. Auch sie wurden älter und betraten mit der Zeit anderes politisches Terrain, engagierten sich in Verbänden und Parteien. Einige gründeten die Grünen mit und gingen in die Politik wie der spätere Außenminister Joschka Fischer und der Ministerpräsident Baden-Württembergs, Winfried Kretschmann.

Fast alle erfolgreichen Parteigründungen der letzten Jahre wurden zumindest in Teilen von sozialen Bewegungen begleitet. Die Grünen schafften es 1983 erstmals in den Bundestag, nicht zuletzt wegen der Umwelt-, Frauen- und Friedensbewegung. Die Bewegungen brachten Themen in die Öffentlichkeit, die von den etablierten Parteien kaum abgedeckt wurden, und aus ihren Reihen rekrutierte sich das Personal der noch jungen Partei. So eine Landesliste füllt sich schließlich nicht von selbst, und irgendwer muss Flugblätter verteilen, damit die Wähler überhaupt von der Parteigründung mitbekommen – gerade in einer

Zeit, als es noch kein Internet gab. Später profitierte die Linkspartei von den Sozialprotesten gegen die ALG-II-Reform der rot-grünen Regierung 1998–2005. Sozialdemokraten, die damit unzufrieden waren, gründeten die »Wahlalternative Arbeit und soziale Gerechtigkeit« (WASG), die sich später mit der PDS zur Linkspartei zusammenschloss. Die PDS saß zwar schon im Bundestag, aber erst durch diesen Zusammenschluss schaffte sie es, neue Wählerinnen anzusprechen. Davor musste sie stets um den Wiedereinzug fürchten. Ihr bestes Ergebnis bei einer Bundestagswahl zwischen 1990 bis 2002 betrug gerade einmal 5,1 Prozent. 2009 hatte sie ihr Wahlpotenzial mehr als verdoppelt und konnte 11,9 Prozent der Wählerinnen überzeugen.

Auch andere Parteigründungen gingen mit sozialen Bewegungen einher. Die Piratenpartei, die es zwar nie in den Bundestag schaffte, aber 2011/12 in einige Landeparlamente einzog, konnte den Unmut über das internationale ACTA-Abkommen, das ein stärkeres Vorgehen gegen Urheberrechtsverletzungen und Piraterie ermöglichen sollte, für sich nutzen. Kritiker befürchteten Zensur und Eingriffe in die Privatspäte von Internetnutzerinnen. Auch die AfD, die 2017 vier Jahre nach ihrer Gründung erstmals in den Bundestag einzog, profitierte von sozialen Bewegungen. Sie hatte sich zunächst über die Europolitik der damaligen Merkel-Regierung profiliert. Damals trug Deutschland einen europäischen Rettungsschirm mit, der verhindern sollte, dass EU-Staaten an den Folgen der Finanzkrise 2008 pleitegingen. So sollte der Euro als gemeinsame Währung geschützt werden. Die AfD lehnte dies ab und warb bei der Bundestagswahl 2013 noch vor allem für ein Ende des Rettungsschirms und eine Rückkehr zu nationalen Währungen. Für den Einzug in den Bundestag reichte das damals nicht.

Ab 2014 organisierte dann die rechtsradikale Pegida-Bewegung regelmäßig stattfindende Massenproteste, die bis heute anhalten. Zwar distanzierte sich die Partei zunächst von der Bewegung, vor allem unter dem Parteigründer Bernd Lucke und der späteren Chefin Frauke Petry. Nachdem diese aber in internen Abstimmungen verloren, suchten Pegida und AfD immer häufiger die Nähe zueinander. Zahlreiche Parteifunktionäre stehen rechten und rechtsextremen sozialen Bewegungen nahe – wie das eingangs erwähnte Treffen nahe Potsdam im November 2023 einmal mehr demonstrierte. Manès Weisskircher, Politikwissenschaftler an der TU Dresden, beschreibt, wie die Partei frühzeitig auf solche Protestbewegungen zuging. Sie weitete dies auch auf andere Protestbewegungen wie die späteren »Querdenken«-Demonstrationen gegen die Covid-19-Maßnahmen aus – trotz Widerständen innerhalb der Partei.[6] Mit seinen Kollegen Swen Hutter und Endre Borbáth vom WZB Berlin verfasste Weisskircher eine Studie, in der er argumentiert, dass die Proteste von Pegida die öffentliche Debatte veränderten und es möglich machten, als Partei mit Anti-Migrationsthemen bei Wählerinnen zu punkten. Gleichzeitig veränderten die Proteste auch die Partei: Diejenigen, die auf Anti-Migrationsthemen setzten wollten, konnten innerhalb der Partei an Gewicht gewinnen und ihren Kurs stärker nach rechts außen verschieben.[7]

Das Verhältnis von Bewegungen zu Parteien ist spannend, weil sie sich gegenseitig befördern können, es aber häufig auch zu Konflikten kommt. Dass Fridays for Future 2019 monatelang Massenproteste durchführte, änderte den Diskurs: In Medien und Politik wurde viel mehr über Umweltthemen und den Klimawandel gesprochen. Die Grünen profitierten davon in Umfragen. Lagen sie Mitte 2018 noch bei rund 12 Prozent, konnten sie ihre Zustimmungswerte verdoppelt und verzeichneten ein Jahr später Umfragewerte von über 24 Prozent.[8] Dabei war das

Verhältnis zu der neuen Umweltbewegung alles andere als nur positiv. Aus dem Umfeld von Fridays for Future gründeten sich 2020 zahlreiche Klimalisten, die vor allem auf lokaler Ebene bei Wahlen mit den Grünen konkurrierten. Die Aktivistinnen kritisierten die Politik der Grünen, insbesondere dort, wo sie Kompromisse eingingen. In Hessen enttäuschte das Festhalten am Ausbau der A49, die durch den Dannenröder Forst führen soll, zahlreiche Anhänger der Grünen. Umweltaktivisten hatten den Wald im Oktober 2019 besetzt, um den Weiterbau der Autobahn und die damit verbundene Rodung des Forstes zu stoppen. Der besetzte Wald wurde schließlich 2020 durch die Polizei geräumt. Der grüne Verkehrsminister Tarek Al-Wazir setzte eine Politik um, gegen die die Partei in der Opposition gewesen war – aus Koalitionsdisziplin und weil die Bundespolitik den Autobahnbau beschlossen hatte. Dass er die Koalition nicht deswegen verließ oder Schlupflöcher suchte, kreideten ihm Aktivistinnen an.

Das Verhältnis von Bewegungen und Parteien ist gleichermaßen von Kooperation und von Konflikt geprägt. Parteien können von Bewegungen profitieren, aber auch von ihnen unter Druck gesetzt werden. Soziale Bewegungen können das Regieren selbst für verbündete Parteien ungemütlich machen, weil sie kompromissloser auftreten können als Parlamentarier. Ihr Idealismus bringt sie zum Aktivismus, während der Pragmatismus des politischen Alltags eher abschreckend sein kann.

Ein gutes Beispiel dafür, wie soziale Bewegungen unterrepräsentierte Themen langfristig auf die politische Agenda setzen, ist antirassistischer Protest in Deutschland. Dieser hat eine jahrzehntelange Mobilisierungsgeschichte, aus der sich mehrere miteinander verschränkte Bewegungen gebildet haben. In den 1980er-Jahren war es vor allem die Schwarze Bewegung, die ihn prägte, inspiriert von der Schwarzen, lesbischen Feministin Audre Lorde. Die Sozialistin lebte immer wieder in Berlin und lehrte dort an der Freien Universität. Nach einem ihrer Seminare soll sie die Schwarzen Studierenden eingeladen haben, sich auszutauschen und zu vernetzen – die Schwarze Frauenbewegung in Deutschland beruft sich bis heute auf diesen Moment. Diese sehr akademisch geprägte Bewegung nahm sich Lordes Empfehlung, ihre Geschichte aufzuschreiben und sich so selbst Sichtbarkeit zu geben, zu Herzen. 1986 erschien der Sammelband *Farbe bekennen. Afro-deutsche Frauen auf den Spuren ihrer Geschichte.* Auch gründeten sich mit der »Initiative Schwarzer Menschen in Deutschland (ISD)« und »ADEFRA e. V. – Schwarze Frauen in Deutschland« die ersten afrodeutschen Organisationen.[9] Sie wurden in den 1990er-Jahren ergänzt um zwei andere Bewegungen, denen Antirassismus ein Anliegen war: Gegen rechtsextreme Mobilisierung gründeten sich antifaschistische Jugendorganisationen in den sogenannten »Baseballschlägerjahren«, während derer rechtsextreme Gruppen deutschlandweit Regionen terrorisierten. Sie boten vor allem in Ostdeutschland einen gewissen Schutz gegen die zunehmend militante rechtsextreme Szene. Aus Angst vor der rechtsextremen Gewalt bildeten sich in der Zeit außerdem migrantische Selbsthilfeorganisationen. In Berlin gründete sich zum Beispiel die Antifaşist Gençlik (Antifaschistische Jugend). Für den Geburtstag Adolf Hitlers im April 1989 hatten Nazis Angriffe auf Migranten angekündigt. Jugendgangs gingen an dem Tag auf die Straße, um das zu verhindern und um die Nazis aus ihren Kiezen fernzuhalten.

Die »Baseballschlägerjahre« prägten die Nachwendejahre. 1991 sprach der Schriftsteller Stephan Hermlin mit Blick auf die Gewalt sogar von einem »Deutschen Herbst«, in Anlehnung an den linksextremen Terror der RAF.[10] Später entstanden organisierte migrantische Gruppen, die auf rechtsextreme Gewalt aufmerksam machten und Aufklärung forderten, insbesondere nach den Pogromen in den 1990er-Jahren. Neue Vereine kamen dazu, und bestehende Vereine politisierten sich durch die rechte Gewalt. Auch die Mordserie des NSU in den 2000er-Jahren wurde, wie oben erwähnt, von der Öffentlichkeit wenig beachtet – migrantische Gruppen aber wiesen früh darauf hin und protestierten immer wieder gegen die Gewalt.

Ihre Proteste blieben jedoch meist lokal und erhielten wenig Aufmerksamkeit. Und selbst wenn es zu Großdemonstrationen kam, verschwand das Thema schnell wieder aus der Öffentlichkeit. Die Asylrechtsverschärfungen kamen, wie eingangs erwähnt, trotzdem. CDU, SPD und FDP ließen sich von Protesten nicht abhalten, einzig die Grünen und die PDS stimmten dagegen. Eine Entwicklung, vor der der damalige Präsident des Zentralrats der Juden in Deutschland eindrücklich warnte. Es sei kein Zufall, dass es 48 Stunden nach der Annahme des Asylkompromisses Gewalttaten in mehreren Städten gab.[11]

Dennoch bewegte die Geflüchtetenbewegung etwas – nicht in Parlamenten, sondern in der Zivilgesellschaft, wo die Debatte um das Asylrecht weitergetragen wurde. Eine größere Vernetzung entstand ab 1997. Auf der documenta X in Kassel gründete sich damals das Netzwerk »kein mensch ist illegal« (kmii), bei dem kirchliche und antirassistische Gruppen Bündnisse schlossen, um Ausländern ohne Aufenthaltsberechtigung in Deutschland und von Abschiebung bedrohten Migrantinnen zu helfen. Beide aktivistischen Gruppen haben eine lange Tradition, beispielsweise durch das Kirchenasyl, durch das Flüchtlinge vorübergehend von einer Kirchengemeinde aufgenommen wurden, um Zeit zu gewinnen für eine erneute Überprüfung des Asylanspruchs. Dabei ging es insbesondere um Härtefälle, bei denen Gefahr für Leib und Leben zu befürchten war, wenn die Personen abgeschoben wurden. Im kmii-Netzwerk kamen mehr als 200 Gruppen und Organisationen sowie Tausende Einzelpersonen zusammen, die sich regelmäßig trafen und austauschten und so eine stärkere Koordinierung der Geflüchtetenbewegung ermöglichten. Dem Rechtsruck und der rassistischen Gewalt zum Trotz gelang es der Bewegung somit, Teile der Zivilgesellschaft zu politisieren.

Auch wenn diese Bewegung selten die Schlagzeilen bestimmte, professionalisierte sie sich zunehmend. Mit Pro Asyl (gegründet 1986) und den Landesflüchtlingsräten gab es bald bundesweite Organisationen, die sich für Geflüchtete einsetzten und auf die Thematik aufmerksam machten. 2012 kam zum Aktivismus für Geflüchtete dann die Selbstorganisation von Geflüchteten.

Im Januar 2012 begeht ein iranischer Geflüchteter in einer Gemeinschaftsunterkunft in Würzburg Selbstmord. In der Folge kommt es zu Demonstrationen gegen die Unterkunftsbedingungen. Im März treten zehn Iraner in den Hungerstreik, weil sie als politische Flüchtlinge anerkannt werden wollen – unterstützt durch ein von Aktivistinnen initiiertes Protestcamp. Die Proteste werden durch die besonders rigide Asylpolitik in Bayern angeheizt, da dort eine verschärfte Residenzpflicht und Lebensmittelmarken üblich sind. Hungerstreiks und Proteste finden auch in anderen Städten, vor allem in der Landeshauptstadt München, statt. Dort findet im März 2013 auch ein »Refugee Struggle Congress« statt, auf dem sich verschiedene Aktivistinnen vernetzen und austauschen. Der Höhepunkt der Proteste: ein Marsch von Würzburg bis nach Berlin, quer durch die Republik, um auf die Probleme im Umgang der Bundesregierung mit Geflüchteten hinzuweisen. Ein anderer Flüchtlingsmarsch macht sich auf nach München, um die Landespolitik unter Druck zu setzen. Substanziell bewirken die Proteste wenig – einige der Asylverfahren werden erneut geprüft, einige Erleichterungen für die Unterkünfte zugelassen. Sie politisieren aber die Geflüchteten in Bayern und aktivieren eine Unterstützerinnenszene. Diese Szene ist zur Stelle, als 2014 die als Geflüchtetenunterkunft genutzte Bayernkaserne Schlagzeilen macht, weil sie stark überfüllt ist und es zu chaotischen Zuständen kommt. Sie organisiert dringend benötigte Hilfsgüter wie Decken und veranstaltet Proteste gegen flüchtlingsfeindliche Initiativen. Die sozialdemokratisch regierte Stadt München ergreift schließlich Maßnahmen – obwohl eigentlich die konservative Landesregierung für die Kaserne zuständig ist.

Das Chaos Ende 2014/Anfang 2015 und die ständige Thematisierung des Themas Geflüchtete/Asyl führen dazu, dass die Zivilgesellschaft in Bayern vorbereitet ist, als 2015 in kurzer Zeit eine relativ große Anzahl Geflüchteter in Deutschland ankommt. Ihre Netzwerke sind leicht reaktivierbar, weil sie schon Erfahrung gesammelt haben und wissen, was benötigt wird. Ihre Beziehungen zur Verwaltung sind gut, die Kommunikationswege kurz. Hilfsgüter kommen schnell zusammen.

Die Proteste für Geflüchtete und gegen Pegida in München damals waren die größten bundesweit. Auch anderswo gab es bereits eine Mobilisierung, die die Zivilgesellschaft vorbereitet hatte. In Berlin war es die O-Platz-Bewegung, die, wie der Migrationsforscher Elias Steinhilper betont, ebenfalls aus dem Marsch aus Würzburg hervorging. Im Umfeld der O-Platz-Bewegung politisierten sich viele. 2015 sprangen sie spontan als Helferinnen ein, unterstützten Menschen beim Ankommen und in der Not. Bundesweit engagieren sich Hunderttausende, für viele wird es eine prägende Erfahrung. In dieser Zeit bildet sich außerdem die Seenotrettung heraus.

Parallel zur Geflüchtetenbewegung bewegte die antirassistische Szene zu dieser Zeit die erneut zunehmende Bedrohung durch rechte Gewalt. Die Selbstenttarnung des NSU 2011 rückte die Gefahr durch Rechtsextremismus, die davor eher ein Nischendasein gefristet hatte, in das Zentrum der Aufmerksamkeit. Der Schock saß tief. Umso größer war die Gegenreaktion. Das Behördenversagen führte dazu, dass diesbezüglich von nun an wenig Vertrauen in den Staat existierte. Zivilgesellschaftliche Gruppen nahmen es daher zunehmend selbst in die Hand, darauf aufmerksam zu machen und Behörden unter Druck zu setzen, zu handeln. So gründeten sich beispielsweise NSU Watch, parlamentarische Beobachtungsgruppen und Initiativen für Denkmäler der durch rechte Gewalt ermordeten Menschen.

Immer häufiger setzten die Aktivistinnen dabei auch auf Straßendemonstrationen. Nach der aus rechtsextremen Protesten hervorgehenden Hetzjagd auf Ausländer und Juden in Chemnitz kommt es 2018 zunächst zu Gegenprotesten. Um ein Zeichen dagegen zu setzen, organisiert die Chemnitzer Band Kraftklub unter dem Motto »Wir sind mehr!« ein kostenloses Konzert, bei dem auch andere bekannte Künstler und Bands wie Die Toten Hosen auftreten. Das als Protest angelegte Konzert wird schließlich von 65 000 Menschen besucht. Bei knapp 250 000 Einwohnern eine signifikante Zahl, auch wenn darunter viele sein dürften, die für das Konzert angereist sind. In Berlin demonstriert zeitgleich das »Unteilbar«-Bündnis und mobilisiert 120 000–240 000 Menschen. 2019 kommen zur Folgedemonstration in Dresden rund 40 000 Teilnehmer. Im Februar 2020 dann rüttelt der Anschlag in Hanau die ganze Bundesrepublik auf. Die Angehörigen durften zunächst wegen Covid-19 nicht protestieren. Sie mobilisierten aber so viele, dass ein Jahr später dennoch Zehntausende bundesweit auf die Straße gingen. Kurz nach dem Anschlag mieten sie einen Raum, in dem die Initiative 19. Februar, ein loses Netzwerk von Aktivistinnen und Angehörigen, zusammenkommt. Sie schaffen dort einen sozialen Raum, eine antirassistische Begegnungsstätte.[12] Auf Protesten rufen sie die Namen der Ermordeten: Gökhan Gültekin, Sedat Gürbüz, Said Nesar Hashemi, Mercedes Kierpacz, Hamza Kurtović, Vili Viorel Păun, Fatih Saraçoğlu, Ferhat Unvar und Kaloyan Velkov. Und forderten unter dem Hashtag #SayTheirNames, dass diese Namen nicht vergessen würden. Sie suchten aktiv den Zusammenschluss mit anderen Bündnissen und Initiativen. Durch diese Netzwerkarbeit schaffen sie es bis heute, dass jedes Jahr am Gedenktag bundesweit demonstriert wird. Zusätzlich begleiteten sie den Untersuchungsausschuss kritisch, machten Druck auf die Politik, besser aufzuklären, und setzten sich für die Angehörigen der Opfer anderer Anschläge wie in Halle und München ein.

Die Proteste gegen rechte Gewalt und für Geflüchtete haben unterschiedliche Ziele, es gibt aber signifikante Überschneidungen in den Unterstützerkreisen. Beide waren und sind lebendige politische Bewegungen, die dauerhaft und effektiv für ihre Anliegen kämpfen und dabei seit den 90ern immer mehr Menschen mobilisieren können. Es überrascht auch nicht, dass sie bei den Protesten seit Januar 2024 gegen Rechtsextremismus eine zentrale Rolle spielen. So überraschend diese Proteste auch waren, so schnell sie auch kamen, war doch schon lange sichtbar, dass es einen großen Resonanzraum für diese Themen gibt. Das Mobilisierungspotenzial, das zeigten die Massenproteste gegen rechte Gewalt in den 1990er- und 2010er-Jahren, war da, es lag damals schon in den Hunderttausenden. Die Frage war eher, welche Bewegung dieses Mobilisierungspotenzial auch ausschöpfen und daraus ein dauerhaftes Engagement bewirken konnte.

Die Erfolge der Bewegung auf politischer Ebene sind überschaubar. Weder Wahlergebnisse noch konkrete politische Reformen konnten sie beeinflussen. Doch sie schufen Tatsachen: Die Seenotrettung rettete Menschenleben, wo der Staat untätig blieb. Die Geflüchtetenhilfe versorgte bedürftige Menschen, während Land und Kommunen um Kompetenzen stritten. Und Angehörige recherchierten und ermittelten auf eigene Faust zu rechter Gewalt, als Ermittlungsbehörden noch Wahrsagerinnen auf »Dönermorde«* ansetzten. Sie wirken nicht auf die »große« Politik ein, aber sie bewirkten viel für Einzelschicksale. Und sie politisierten die Menschen, die sich daran beteiligten. Ihre Erfolge fanden im Bereich der Zivilgesellschaft statt, nicht im Bereich des Staates.

Hierbei handelt es sich um eine Unterscheidung, die auf den marxistischen Theoretiker Antonio Gramsci zurückgeht. Der italienische Kommunist verbrachte, nachdem die Faschisten die Macht übernommen hatten, einen großen Teil seines Lebens im Gefängnis. Dort schrieb er seine Gefängnisnotizen, die später weltberühmt wurden – obwohl sie teilweise bewusst umständlich formuliert waren, da er ja aus dem Gefängnis heraus schrieb und die Zensur umgehen musste. Gramsci arbeitete sich an früheren Revolutionstheorien ab, denen zufolge das Volk den Staat überwältigt. Das hatte bei den Kommunis-

---

* Das ist leider kein Witz. 2008 setzte die Hamburger Polizei auf einen »Metaphysiker«, um über ein »Medium« Kontakt zu dem vom NSU ermordeten Süleyman Taşköprü aufzunehmen. Die Polizisten erfuhren so, dass der Mord ungeplant passiert sei und das Opfer mit einer polizeibekannten Bande in Kontakt stehe. Der Mörder sei »Südländer«. Diese rassistische Darstellung schaffte es in die Akten der Ermittler und passt dazu, dass NSU-Morde in der Presse lange Zeit abfällig als »Dönermorde« bezeichnet wurden. Siehe dazu z. B.:
Medick, Veit. »Polizei suchte mit Geisterbeschwörer nach NSU-Mördern.« *Der Spiegel*, 14.06.2012, https://www.spiegel.de/politik/deutsch land/polizei-suchte-mit-geisterbeschwoerer-nach-den-nsu-moerdern-a-838795.html.

ten ja nicht allzu gut geklappt. Die Faschisten wiederum hatten die Macht anders übernommen, als die klassisch marxistische Revolutionstheorie erwarten ließ: Da hatte kein mobilisiertes Proletariat durch eine Bewegung der Masse den Staat gestürzt. Stattdessen war es eine faschistische Elite, die wichtige Stellen im Staat relativ zügig von innen heraus übernommen hatte und gleichzeitig von einer Massenbewegung von außen unterstützt wurde. Gramsci stellte also fest, dass es vor der Revolution noch einen anderen Kampf gibt: den um die »zivile« Gesellschaft, also den um einen Raum, der weder zum Staat noch zur Gesellschaft gehört. Erst wer eine solche vorpolitische Macht gewinnt, kann auch politisch Erfolge erzielen. Wer dagegen zu früh zu viel zu verlangt, scheitert schnell, weil der Radikalismus, wie wir schon gesehen haben, breite Massen abschreckt. In diesem öffentlichen Raum müsse man sich also in Position bringen, um hegemonial zu werden. Gramsci beschreibt eine kulturelle Hegemonie, also eine Vorherrschaft, die außerhalb des Staates etabliert wird. Wer kulturelle Hegemonie aufgebaut hat, dessen Position erscheint eben nicht mehr radikal, sondern gesellschaftlich verankert und dadurch fast selbstverständlich. Erst aus einer solchen hegemonialen Position heraus kann man größere Ziele umsetzen und im Extremfall auch die Macht übernehmen.[13]

Obwohl Gramsci damit vor allem Revolutionen erklären wollte, trug er gleichzeitig viel dazu bei, nicht revolutionäre Bewegungen zu erklären. Denn auch ohne revolutionäre Ambitionen ist es wichtig, zu verstehen, dass Politik nicht einfach nur auf Mehrheitsmeinungen und einzelne Meinungsäußerungen reagiert. Politikerinnen richten ihr Fähnlein schließlich nicht einfach opportunistisch nach dem Wind, die meisten haben politische Präferenzen, für die sie um Mehrheiten werben. Und wenn sie von etwas überzeugt sind, dann sind sie auch bereit, sich gegen die Mehrheitsmeinung zu stellen, weil sie es für das Richtige halten. Der Kampf um die öffentliche Meinung setzt hier an: Entscheidungsträger sollen nicht einfach nur durch maximalen Gegenwind unter Druck gesetzt, sondern wirklich inhaltlich überzeugt werden. Vor dem Asylkompromiss der 1990er-Jahre zum Beispiel waren große Teile der Politik längst überzeugt, dass Asylreformen notwendig waren, es brauchte nur noch einen Anlass, damit dies auch umgesetzt wurde und Widerstände dagegen kippten. Die Unionsparteien hatten seit den 1970er-Jahren dafür geworben und spätestens seit Ende der 1980er-Jahre zunehmend aggressiv Druck auf die SPD ausgeübt. Ob nun in den 1990er-Jahren Rechtsextremisten Gewalt anwandten oder Antirassistinnen Lichterketten aufstellten, war eher nachrangig; die entscheidenden Diskussionen und Meinungsbildungen hatten bereits in den 1980er-Jahren stattgefunden. Und daran waren Medien, Politik, Lobbygruppen und NGOs beteiligt. Was genau dann 1992 stattfand, war deshalb egal und konnte die immer rassistischere Diskursverschiebung der letzten Jahrzehnte nicht zurückdrehen.

Mehrheitsmeinungen alleine erklären selbst in Demokratien nicht die Entscheidungen der Politik. Wahlen zum Bundestag finden nur alle vier Jahre statt, und sie geben kein klares Stimmungsbild zu einzelnen Themen wieder, sondern gebündelte Präferenzen. Wer für die CDU stimmt, denkt selten an ihren konkreten Vorschlag zur Bahnreform, sondern eher an mehrere, miteinander verknüpfte politische Themen, die man oft gar nicht so genau benennen kann. Und auch wenn es mittlerweile immer mehr Umfragen zu jedem einzelnen Thema gibt, sind solche Stimmungsbilder flüchtig. Umfragen sind häufig schlecht gemacht, die Fragen unpassend gestellt, die Stichprobe nicht repräsentativ, und viele beantworten die Fragen auch nicht ehrlich – gerade wenn sie denken, ihre tatsächliche Meinung könnte sie angreifbar machen. Zudem kann die Stimmung innerhalb kurzer Zeit ins Gegenteil kippen. Für die Meinungsbildung ist viel wichtiger, wie Medien berichten, die Debatten ebenfalls bündeln, präzisieren und priorisieren. Wenn im privaten Umfeld von Politikern besonders viel über schlechte Autobahnen, aber eher wenig über Defizite an Hochschulen gesprochen wird, beeinflusst es auch, über welche Probleme Politikerinnen nachdenken. Und wie sich wichtige Verbände wie Gewerkschaften und Kirchen positionieren, kann durchaus beeinflussen, wie über diese Themen öffentlich gesprochen wird.

Soziale Bewegungen können daher die Politik nicht dazu zwingen, ihre Inhalte zu übernehmen. Sie können aber durchaus die Medienberichterstattung prägen. Wenn sie in einer Kommune sehr präsent sind, beeinflussen sie auch die Themen, die im privaten Umfeld von Politikerinnen besprochen werden. Und wenn ihre Mitglieder sich in Gewerkschaft und Kirche engagieren, können sie auch von innen heraus auf diese einwirken. Kurz gesagt: Soziale Bewegungen können Hegemonialität im öffentlichen Raum herstellen. Sie haben Einfluss auf den vorpolitischen Raum, selbst wenn sie im politischen Raum (noch?) scheitern. Und können so indirekt und langfristig Politik beeinflussen.

Der ein oder andere mag das jetzt etwas ernüchternd finden. Politik machen, um am Ende alles zu beeinflussen außer der Politik, ist wenig befriedigend. Und gerade wer auf die Straße geht, aus einem aktuellen Anlass heraus, will ja meist unmittelbar etwas bewirken. Trotzdem sind solche langfristigen Bewegungen eines der vielversprechendsten Instrumente, die gesellschaftliche Gruppen haben, um Politik zu machen. Um das zu verdeutlichen, lohnt sich ein Blick nach rechts außen. Die Bedeutung von vorpolitischer Macht, von kultureller Hegemonialität, haben Rechtsextreme schon vor Jahren erkannt. Martin Sellner, Chef der Identitäten Bewegung (IB) und Teilnehmer des eingangs erwähnten Treffens, bei dem Massendeportationen diskutiert wurden, spricht schon lange über beides. Selbst der Wut, die die Enthüllungen über das Treffen auslösten, konnte er etwas abgewinnen: Denn sobald diese sich lege, würden die Begriffe der Rechtsextremen salonfähiger. Die erste Provokation sei erledigt, danach würden die Begriffe normalisiert werden. Möglich ist das, weil seine IB seit Jahren daran arbeitet, in öffentlichen Debatten Einfluss zu nehmen und sich im vorpolitischen Raum zu etablieren. Ein anderes Beispiel ist die italienische CasaPound, eine neofaschistische Bewegung die sehr früh daraufsetzte, Hegemonialität im Diskurs zu erlangen, und um die es in Kapitel 7 noch gehen wird. Ihr Erfolg illustriert, wie Hegemonien kippen können: Italien erlebte eine starke Abgrenzung vom Faschismus nach dem zweiten Weltkrieg, eine Verehrung Mussolinis war weithin geächtet. Mit ihrem sozialem Engagement, ihren Konzerten und ihrer Präsenz im öffentlichen Raum trug die Bewegung dazu bei, diese Norm auszuhöhlen.[14] Heute regiert mit Giorgia Meloni eine »Postfaschistin« Italien, als Vertreterin einer Partei, die als Nachfolgerin von Mussolinis Partei gilt.

Der Begriff der Hegemonialität erklärt auch, warum »canceln« als Taktik so häufig zum Scheitern verurteilt ist. Als canceln bezeichnet man es, wenn Personen des öffentlichen Lebens wegen Skandalen und politischer Ansichten für nicht salonfähig erklärt werden und nicht mehr in bestimmte Räume eingeladen werden sollen. Die Hoffnung dabei ist, dass Menschen mit grenzüberschreitenden Ansichten und Äußerungen auf diese Weise Geld entzogen und so eine Verhaltensänderung erzeugt wird. Nur gibt es mittlerweile genug Fälle, in denen ein vermeintliches »Canceln« entweder einen geringen Effekt hatte oder der betroffenen Person sogar genützt hat. Bekanntestes Beispiel dürfte Ex-US-Präsident Donald Trump sein, der 2025 erneut das Amt des Präsidenten übernehmen könnte. Kein Skandal, weder sexuelle Belästigung noch der Aufruf zu Wahlbetrug oder seine Rolle beim Sturm auf das Kapitol, konnte ihm langfristig etwas anhaben – auch wenn sie ihn vermutlich 2020 die Präsidentschaft kosteten, kandidiert er jetzt wieder, durchaus mit Chancen auf eine erneute Amtszeit. Und neue Skandale scheinen kaum mehr Wirkung zu zeigen, der Effekt hat sich abgenutzt. Warum ist das so?

Canceln setzt voraus, dass es ein gesellschaftliches Verständnis darüber gibt, was in Ordnung ist und was nicht. Dass es Grenzen des Sagbaren gibt, die von anderen auch geteilt werden. Das ist in einer pluralistischen Gesellschaft schwierig – was der eine als anstößig empfinden mag, findet die andere gegebenenfalls toll. Den Sexismus eines Trump finden Menschen, die ihn teilen, schneidig, seinen Rassismus finden Rassistinnen mutig. In so einer Gemengelage Sexismus und Rassismus anzuprangern, setzt voraus, dass eine hegemoniale Position existiert, die erstens definiert, was sexistisch oder rassistisch ist, und die zweitens beides als abzulehnend versteht. Wenn das nicht gegeben ist, bringt das Label »Rassist« für eine Person vielleicht sinkende Zustimmungswerte unter Antirassistinnen, aber dafür steigende Werte unter Rassisten. Ein Buch, das als rassistisch gilt, wird von diesen vielleicht umso mehr gekauft, das Anprangern des Buches kann in diesen Kreisen sogar Werbung sein.

Canceln, Boykotte, »Deplatforming«: Das alles hat oft widersprüchliche Effekte. Es trifft eben nicht die radikalsten politischen Gegner, denn diese profitieren von der Kritik eher oder haben sich – wie Trump und Meloni – bewusst dagegen immunisiert. Sie tragen solche Label stolz. Es trifft vor allem diejenigen, die einem gerade noch nahe genug stehen, dass die Kritik haften bleibt, wehtun kann. Wer aus einer nicht hegemonialen Position heraus cancelt, stößt potenzielle Verbündete vor den Kopf, treibt sie ins Gegenlager oder schwächt sie. Und schwächt damit auch die eigene Position im gesellschaftlichen Konflikt, im vorpolitischen Feld.

Das heißt nicht, dass solche Taktiken nicht Erfolg haben können – aber eben erst, wenn man die Position, gegen die man geht, bereits weitgehend tabuisiert hat. Die Wut auf sozialen Medien ist schnell entfacht, sie verfliegt aber auch schnell wieder – ohne dass jemand Werbeverträge oder Aufträge verliert. Wirklich Konsequenzen muss nur befürchten, wer echte Tabus bricht. Als der WDR-Kinderchor ein satirisches Lied sang und dabei »Meine Oma ist 'ne alte Umweltsau« textete, stellte das eine solche Art Tabubruch dar. Die Kritik kam aus den sozialen Medien, aber auch vom damaligen Ministerpräsidenten NRWs, Armin Laschet: Kinder seien für den Generationenkonflikt instrumentalisiert worden. Der WDR löschte das Video und entschuldigte sich.[15] Solche klaren Konsequenzen sind aber eher selten und erfolgen erst bei Positionen, die wirklich eindeutig jenseits des gesellschaftlich Akzeptierten stehen. Und dorthin muss man Positionen erst mal rücken.

Für solche langfristigen Veränderungen sind soziale Bewegungen perfekt geeignet. Sie können die Grenzen des Sagbaren und Akzeptablen langsam verschieben. Daher ist es auch egal, wenn sie vielleicht nicht jedes Mal Massen auf die Straße bringen können. Die 68er haben es gezeigt: Ihre Demonstrationen brachten meistens eher Zehntausende auf die Straßen, die direkten Teilnehmer machten einen Bruchteil der damaligen Jugend aus. Sie schafften es aber, weit über ihre unmittelbare Teilnehmerschaft hinaus zu wirken und den Diskurs in Deutschland auf Jahrzehnte hinaus zu verschieben. Mit der

»sexuellen Revolution« enttabuisierten sie beispielsweise das Sprechen über Sexualität und forderten die vorherrschenden Moralvorstellungen heraus. Als Jugendbewegung beeinflussten sie eine ganze Generation, obwohl sie innerhalb dieser Generation selbst eine Minderheit ausmachten. Und das tun sie in Teilen bis heute.

Weil Protest politisiert, wird es mit der Zeit eher leichter, soziale Bewegungen loszutreten. Das gilt umso mehr, je stärker die Zivilgesellschaft ausgeprägt ist. Dass es in Ostdeutschland tendenziell weniger soziale Bewegungen gibt und dass diese eher undemokratisch geprägt sind als im Westen, liegt auch an der DDR-Vergangenheit: Es fehlt einfach die Zeit, eine demokratische Öffentlichkeit zu bilden, der prägende politische Moment war dort 1989 und nicht 1968. Deswegen werde ich die Proteste gegen Rechtsextremismus vor allem dort beobachten. Denn in Orten, wo die Zivilgesellschaft schon lange unter Druck stand von rechts außen, protestierten trotzdem Tausende gegen Rechtsextremismus, und sie tun es bis heute. Wenn in ostdeutschen Kleinstädten Menschen protestieren, sind diese Proteste heute kleiner und finden vielleicht weniger häufig statt als anderswo. Sie haben aber das Potenzial, langfristig Gegenöffentlichkeiten zu bilden und zu stärken, von denen künftige Bewegungen zehren werden. Und das ist politisch wirksamer als ein paar Prozentpunkte Wählerwanderung bei einer Wahl.

Ein Dozent von mir beschrieb den Staat mal als ein großes Schiff: Es lässt sich in eine Richtung steuern, aber bewegt sich langsam. Soziale Bewegungen erinnern in diesem Bild an Wellen. Sie können den Kurs erleichtern oder gegensteuern. Und viele kleine Wellen können zu einer Flut heranwachsen, die sich irgendwann nicht mehr ignorieren lässt. Die einzelne Welle sieht aber nicht, ob sie Teil eines größeren Ganzen ist. Ob eine Bewegung erfolgreich ist, weiß ich erst Jahre später, wenn sichtbar wird, ob sie isoliert blieb – oder ob sehr viele andere Menschen gleichzeitig mitgezogen haben, sich inspirieren ließen oder Ideen und Taktiken später aufgriffen und verfeinerten. Damit das passieren kann, braucht es Menschen, die nicht aufgeben und allen Widerständen zum Trotz weitermachen.

6

Revolution und Konterrevolution im Sudan

Zufrieden sah die Menschenmasse nicht aus, die am 11. April 2019 in Khartum demonstrierte. Dabei hatte sie gerade einen wichtigen Erfolg erzielt: Im Fernsehen erklärte der Vizepräsident, dass der langjährige Machthaber Omar al-Baschir unter Hausarrest stünde und kündigte eine Übergangsperiode an. Die Demonstrierenden aber blieben auf der Straße. Warum, verdeutlichte ein Interview des Fernsehsenders Al Jazeera mit dem Aktivisten Hajooj Kuka. »Wir sind überhaupt nicht zufrieden, der Kampf geht weiter und nichts hat sich geändert«, sagte er dort.[1] Dabei hatten sie geschafft, was kurz zuvor unmöglich schien: Der Diktator war nach 30 Jahren fort, seine eigenen Generäle hatten ihn unter dem Druck der Straße fallen gelassen.

Im Sudan begann damit einer der jüngsten Revolutionsversuche. Die Bewegung wollte sich, wie Hajooj, nicht mit dem Umsturz zufriedengeben und lernte dabei aus den Erfahrungen anderer Länder. Im benachbarten Ägypten hatte das Militär 2013 nach einer kurzen demokratischen Phase wieder die Macht an sich gerissen. Das galt es im Sudan zu verhindern, also gingen die Revolutionäre weiter auf die Straße. Ein umfassender Wandel zur Demokratie sollte erfolgen, das Militär zu Zugeständnissen gezwungen werden. Immerhin hatten die Generäle seit Jahrzehnten die Politik des Landes geprägt.

Der sudanesische Machthaber Omar al-Baschir war auf dieselbe Art an die Macht gekommen, auf die er sie jetzt verlor: durch einen Militärputsch. Ihn ereilte ein ähnliches Schicksal wie sein Vorgänger Sadiq al-Mahdi. Dieser wurde 1989 gestürzt, als die Armee gemeinsam mit der islamistischen Partei »National Islamic Front« die Macht übernahm. Eine Militärjunta bestimmte fortan die Geschicke des Landes, und das kurze demokratische Experiment zwischen 1985 und 1989 endete jäh. Al-Baschir, damals noch Brigadier, wurde zum Premierminister und Armeechef und regierte von da an mit harter Hand. Menschenrechtsorganisationen warfen ihm immer wieder massive Menschenrechtsverletzungen und Kriegsverbrechen vor. Al-Baschir ist der erste amtierende Staatschef, gegen den der Internationale Strafgerichtshof in Den Haag einen Haftbefehl erließ – wegen seines brutalen Vorgehens im Darfur-Konflikt, bei dem Millionen vertrieben und Hunderttausende getötet wurden. Der Strafbefehl wurde 2014 eingestellt, weil man al-Baschirs nicht habhaft werden konnte. Nichts schien ihm etwas anhaben zu können, weder die Opposition im eigenen Lande noch die internationale Ächtung seines Regimes.

Dass Revolutionen, wenn sie sich ereignen, meist überraschend kommen, war bereits in Kapitel 2 Thema. Auch im Sudan weiteten sich die Proteste innerhalb kürzester Zeit zu einer scheinbar unaufhaltsamen Bewegung aus, der es gelang, einen mächtigen Diktator zu bezwingen. Und doch scheiterte sie daran, einen Übergang zur Demokratie zu erkämpfen. Die Konterrevolution durch das Militär und was noch vom Al-Baschir-Regime übrig geblieben war, mündete in einen brutalen Bürgerkrieg, der eine der weltweit schlimmsten humanitären Katastrophen verursacht hat. Zum jetzigen Zeitpunkt sind Millionen von Vertreibung und Hungersnot bedroht.

Die Entwicklungen im Sudan zeigen einige charakteristische Aspekte von Revolutionen auf: wie aus einem kleinen Protest ein Flächenbrand werden kann, wie wichtig ein langer Atem ist und wie sich der Konflikt zwischen Regime und Opposition oft dadurch entscheidet, wer sich leichter spalten lässt.

Auch wenn die Lage im Sudan heute dramatisch ist: 2019 war der Optimismus mit Händen zu greifen. Eine bessere Zukunft schien möglich, und die Opposition machte vieles richtig, zeigte einen außergewöhnlichen Mut und Durchhaltevermögen. Zehntausende protestierten damals landesweit. Sie ließen sich auch nicht von Massenverhaftungen und der Ermordung Hunderter Menschen durch Staatsgewalt abhalten. Angeführt wurden die Straßenproteste zum Großteil von Frauen. Sie waren die treibende Kraft, organisierten, mobilisierten und machten die Mehrheit bei Demonstrationen aus. Und ihnen gelang es schließlich, nach monatelangen Protesten, die Absetzung al-Baschirs zu erzwingen.

Das gelang ihnen auch, weil sie schon seit Jahren auf diesen Moment gewartet hatten. Während die Unzufriedenheit im Land wuchs, organisierten sich alle möglichen Oppositionellen. Zu Zeiten der autokratischen Herrschaft al-Baschirs hatten sie sich nicht öffentlich treffen können, aus Angst vor Verfolgung. Jetzt trafen sich diese Gruppen auf den Straßen, im Schutz der Masse. Nachbarschaftskomitees, Feministinnen, Parteien und Gewerkschaften vereinten sich dort zu einer Oppositionsbewegung, die dem Militär schließlich eine dreijährige Übergangsregierung abringen konnte, nach der das Land von Zivilisten demokratisch geführt würde. Diesen Erfolg verteidigten sie wieder und wieder, bis die Militärs sich zerstritten. Erst der 2023 zwischen regulärer Armee und der RSF-Einheit geführte Krieg beendete diesen Prozess. Die Revolution, fast wäre sie zu einem erfolgreichen Abschluss gekommen.

Aber eben nur fast. Stattdessen erging es dem Sudan so wie vielen anderen Ländern: Die Revolution scheiterte. Zwar schaffen es Protestierende immer wieder, einen Umsturz oder Machtwechsel herbeizuführen. Die alten Eliten jedoch bleiben bestehen. Sie können Veränderungen verzögern oder diese zu einem späteren Zeitpunkt, wenn es zu Krisen kommt, wieder rückgängig machen. Nach der Revolution in Ägypten 2012 konnte der erste demokratisch gewählte Präsident Mohammed Mursi gerade einmal ein Jahr regieren, bis er vom Militär abgesetzt wurde. Sein undemokratischer und unbeliebter Politikstil, über den wir in Kapitel 7 noch sprechen werden, hatte Teile der einstigen Revolutionäre gegen ihn aufgebracht, und diese Schwäche konnte das Militär sich zunutze machen. Seitdem wird Ägypten wieder von einer Militärregierung geführt, die Konterrevolution hat sich durchgesetzt. Der Soziologe und Historiker Charles Tilly unterschied deswegen eine *revolutionäre Situation* von einem *revolutionären Ausgang*. In der *revolutionären Situation* entsteht eine Opposition, die sich als Konkurrenz zu den Machthabern versteht und den Anspruch erhebt, den Staat zu kontrollieren. Diese Opposition findet dabei Unterstützung in der Bevölkerung, während die Machthaber unfähig oder unwillig sind, diese Konkurrenz erfolgreich mit Gewalt zu bekämpfen.

Jedoch kann auch eine solche Situation scheitern, ohne dass es zu einem *revolutionären Ausgang* kommt. Denn den alten Eliten gelingt es häufig schließlich doch wieder, die Opposition zurückzudrängen oder sich mit Teilen der Opposition zu arrangieren. Erfolgreiche Revolutionen, die einen nachhaltigen Systemwechsel ausmachen, erleben Tilly zufolge häufig mehrere *revolutionäre Situationen* über einen längeren Zeitraum, bis die Revolution tatsächlich abgeschlossen ist.[2] Ob eine Revolution stattgefunden hat oder ob sie gescheitert ist, ist deswegen eine Frage, die sich erst in der Rückschau eindeutig klären lässt, nicht in der Gegenwart, und ist somit eine Frage für Historike-rinnen. Denn erst mit der Zeit lässt sich feststellen, ob die politischen Verhältnisse dauerhaft sind oder nur eine kurze Phase zwischen revolutionärer Situation und Konterrevolution.

Die Revolution 2019 war nicht die erste im Sudan. Schon 1964 und 1985 hatten die Sudanesinnen ihre Machthaber durch friedliche Proteste in die Schranken gewiesen und das politische System durchgerüttelt. Doch beide Male kehrte die Autokratie nach einigen Jahren zurück. Das Militär erkannte die Macht der Straße und baute seine Unterstützerbasis ebenso aus wie seinen Unterdrückungsapparat. Die *National Islamic Front*, die die Machtergreifung al-Baschirs unterstützt hatte, wurde in *National Congress Party* umbenannt. Die nicht vollständig loyalen Kräfte innerhalb der Partei mussten diese verlassen und wurden, wie die Opposition, verfolgt. Dazu zog das System al-Baschirs alle Register, wie beispielsweise Amnesty International dokumentierte. Die Organisation beschreibt die Ermordung von studentischen Aktivisten durch Geheimdienstagenten. Dissidenten mussten stets die Gewalt des Staates fürchten. Die Presse wurde unter Druck gesetzt und durfte Amnesty zufolge nicht frei über Sicherheitskräfte, den Präsidenten, Korruption oder Menschenrechtsverletzungen berichten. Und auch gegen friedliche Demonstrationen ging das Regime immer wieder gewaltsam vor.[3] Die Bedingungen für einen Umsturz waren deswegen 2019 nicht gerade günstig, die Sicherheitskräfte al-Baschirs gefürchtet. Die Protestierenden reagierten auf diese Entwicklung und fanden Gegenstrategien für das Gewaltpotenzial des Militärs. Sie schafften es durch ihre dezentrale Organisation, ihre hartnäckige Bündnisfähigkeit und ihren kreativen Protest, dieser Gewalt zu trotzen. Wo ihre offiziellen Organisationen verboten waren, gründeten sie informelle Nachbarschaftskomitees. Von diesen gab es so viele, dass das Regime gar nicht hinterherkam mit der Überwachung und Zerschlagung. Ähnlich wie der zivile Ungehorsam der Iranerinnen, um den es in Kapitel 3 ging, überforderten die Sudanesen die Sicherheitsbehörden. Außerdem hielten sich Berufsverbände wie die illegalen Gewerkschaften hartnäckig und konnten den Staat immer wieder unter Druck setzen. Sie behielten dabei ihre Einigkeit und wehrten sich gegen Spaltungsversuche, zum Beispiel durch rassistische Rhetorik des Regimes. Demonstrierende riefen stattdessen erfolgreich zu Einheit und Versöhnung auf.

Diese Strategien erlaubten es den Revolutionären, einen langen Atem zu bewahren. Sie wollten sich nicht mit einem Umsturz abfinden, sondern eine langfristige Veränderung bewirken – darum mobilisierten sie immer wieder, wenn Vereinbarungen nicht eingehalten wurden, und hielten den Druck auf das Militär aufrecht. Immer wieder zeigten aber auch das Militär und die alten Eliten, wie mächtig konterrevolutionäre Kräfte selbst nach einem erfolgreichen Umsturz sein können. Und es gelang ihnen, Erfolge der Revolution rückgängig zu machen. Reformen wurden verschleppt und die Revolutionäre zermürbt. Und auch innerhalb der Opposition gab es Konflikte. Obwohl beispielsweise Frauen auf der Straße so wichtig waren, spielten sie in der Übergangszeit eine immer weniger wichtige Rolle. Und als der Konflikt schließlich vollständig militärisch wurde, zu einem Krieg zwischen dem Militär und den paramilitärischen RSF-Kräften mutierte, blieb keine politische Rolle mehr für die friedlichen Protestierenden übrig. Sie sind vorerst nach wie vor an den Rand gedrängt und müssen abwarten, welche der beiden Seiten sich durchsetzen kann – und wie sie damit umgehen werden.

Am Anfang ging es im Sudan, ähnlich wie in Tunesien 2011, gar nicht um eine Revolution, sondern um Brot. Der Sudan, seit

Jahren durch Krieg, wirtschaftliche Stagnation und Privatisierung gebeutelt, erlebte Ende 2018 spontane Proteste. In Atbara, einer kleinen Stadt im Osten des Sudans, protestierten Anwohner am 19. Dezember gegen eine Verdreifachung der Brotpreise. Weil die Preise staatlich reguliert sind, richteten die Demonstrationen sich direkt gegen die Regierung. Innerhalb einer Woche weiteten sich die Proteste aus und erreichten die Hauptstadt Khartum. Die Wut im ganzen Land hatte sich über Jahre angestaut. Erst 2013 und 2016 hatten Sudanesinnen wegen der miserablen wirtschaftlichen Lage und steigender Preise protestiert. Beide Male reagierte der Staat mit Gewalt, anstatt etwas zu verändern. Nun aber schien das Maß voll – und die Wut der Bevölkerung entlud sich schlagartig.

Der Staat reagierte mit weiteren Repressionen. Studenten wurden verhaftet, gefoltert und gezwungen, im Fernsehen Geständnisse abzulegen: Die Proteste seien durch eine Rebellenmiliz angestachelt worden, behaupteten die Machthaber. Die Demonstrationen sollten so mit dem Darfur-Konflikt, in dem seit 2003 ein Aufstand der Lokalbevölkerung gegen die Zentralregierung brutal unterdrückt wird, in Verbindung gebracht und so delegitimiert werden. Die Botschaft dahinter lautete, dass die Proteste keinen politischen Hintergrund hätten, sondern ein Teil dieses militärischen Konfliktes seien. In Darfur spielte der Staat schon lange ethnische Gruppen gegeneinander aus und setzte beispielsweise die mehrheitlich arabischstämmigen Dschandschawid-Milizen, aus denen später die »Rapid Support Forces« hervorgingen (RSF), gegen andere ethnische Gruppen ein. Durch solche Einsätze sollte auch verhindert werden, dass unterschiedliche ethnische Gruppen sich gegen das Regime zusammenschlossen.

Gleichzeitig wurde der Internetzugang gedrosselt und eine weitgehende Nachrichtensperre verhängt. Der Staat konfiszierte beispielsweise die komplette Ausgabe von sechs Tageszeitungen, die bereits gedruckt waren.[4] Am 22. Februar 2019 verhängte der Machthaber Omar al-Baschir den ersten Notstand seit zwei Jahrzehnten und löste sämtliche Regionalregierungen auf. Die zivilen Gouverneure der Regionen setzte er ab und ernannte stattdessen Generäle. So wollte er seine Kontrolle über den Staat sicherstellen. Er folgte damit dem Muster vieler autokratischer Machthaber. Denn Revolutionen sind selten erfolgreich ohne Bündnisse mit Teilen der Eliten. Ein revolutionärer Ausgang wird wahrscheinlicher, wenn sich diese auf die Seite der Opposition schlagen, umso mehr, wenn sie wichtige Ämter im Staat bekleiden oder Teile der Armee kontrollieren.[5] Diese Ämter besetzen Autokraten bewusst mit Loyalisten, um das Risiko eines Machtverlusts so gering wie möglich zu halten, während die Gewalt und der Notstand die Demonstrierenden einschüchtern sollen.

Nur: Diesmal funktionierte die Gewalt im Sudan nicht. Die gefolterten Studenten wurden von Freunden erkannt, die über die sozialen Medien darauf hinwiesen, dass ihre Freunde friedliche Protestierende seien. Die Zwangsgeständnisse erzeugten eine Solidarisierung der Demonstrierenden mit der Darfur-Region, der Hashtag #WeAreAllDarfur verbreitete sich.[6] Die zensierten Zeitungen wehrten sich, indem sie in internationalen Medien und im Internet erklärten, was geschehen war – oder gleich blanke Seiten druckten, um die Zensur greifbar zu machen. Internationale Journalisten konnten die staatliche Zensur leichter ignorieren, und Menschenrechtsgruppen lieferten ihnen die Informationen. Außerdem schaffte es die Protestbewegung, organisiert in illegalen Verbänden, sich den Notstandsregeln zu widersetzen. Trotz Ausgangssperre gingen sie weiter demonstrieren. Die Sudanese Professionals' Association (SPA), ein loser Verband von Berufs- und Gewerkschaftsgruppen, nahm eine immer wichtigere Rolle ein bei der Koordination der Demonstrationen und Streiks. Sie knüpfte rasch Verbindungen zu anderen Gruppen, zu Frauenrechtsgruppen, oppositionellen Parteien und Aufständischen. Innerhalb kürzester Zeit gründete sich im Zuge dessen im Januar 2019 das Oppositionsbündnis Forces of Freedom and Change (FFC), das Forderungskataloge aufstellte. Und die Gewalt erzielte so das Gegenteil von dem, was sie eigentlich sollte: Die Proteste hatten sich politisiert, die Opposition ließ sich nicht spalten, sondern rückte zusammen, und immer häufiger und lauter forderte sie das Ende der Ära al-Baschirs.

Am 6. April schließlich kam es zum finalen Showdown zwischen dem Machthaber und der Protestbewegung. Das Datum war aus zwei Gründen wichtig: Am selben Tag war 34 Jahre zuvor der damalige Präsident al-Numeiri durch Proteste gestürzt worden. Und wenige Tage zuvor hatte ebenfalls eine Protestbewegung in Algerien den Präsidenten Bouteflika nach zwanzig Jahren zum Rücktritt gezwungen. Protest, so schien es, konnte auch Herrscher vertreiben, deren Macht auf ewig angelegt war. Hunderttausende gingen in Khartum auf die Straße, sie marschierten zum Sitz der Armee, dem Zentrum von al-Baschirs Macht und begannen einen Sit-in. Ein Bild ging um die Welt: Die junge Alaa Salah, eine ganz in Weiß gekleidete Sudanesin, stellte sich auf einen Wagen und leitete die Protestgesänge an. Sie war umgeben von Frauen, die, wie eingangs erwähnt, einen großen Teil der Protestierenden ausmachten.

Mitten in diesen Protesten kam es zu Auseinandersetzungen zwischen Soldaten, die Demonstrationen zuließen, und Sicherheitskräften, die gewaltsam gegen diese vorgehen wollten.[7] Solche Konflikte sind selten gute Nachrichten für Machthaber, weil sie das Risiko eines Bürgerkriegs erhöhen. Dieses Risiko kann für Militärs schwerer wiegen als das Risiko eines

Umsturzes. In einem Bürgerkrieg können sie zerrieben werden oder gegen einen ebenbürtigen Gegner verlieren. Gelingt es ihnen, dieses Szenario zu vermeiden, sind ihre Ausgangschancen ungleich besser: Als intakte Armee mit einem Gewaltmonopol können sie mit der Opposition gut verhandeln und ihre Interessen effektiv vertreten. Al-Baschir, bereits durch die katastrophale Wirtschaftslage und den ineffektiven Umgang mit den Protesten angeschlagen, verlor nun endgültig das Vertrauen seiner Sicherheitsbehörden. Am 11. April setzten ihn diese unter Hausarrest und entzogen ihm sämtliche Ämter. Die Armee versprach zwar eine zweijährige Übergangsperiode und Wahlen, bildete aber gleichzeitig einen militärischen Übergangsrat, verhängte eine Ausgangssperre und rief den Notstand aus.

Doch nach drei Jahrzehnten unter al-Baschirs Herrschaft gab die Opposition sich mit diesem Führungswechsel nicht zufrieden. Sie forderte eine zivile Regierung und echten politischen Wandel statt nur einen Wechsel an der Spitze. Die Ausgangssperre ignorierte sie.

Solche Übergangssituationen sind sehr volatil, da häufig weder die Bevölkerung noch die Behörden wissen, wer gerade die Kontrolle hat und welchen Anweisungen sie Folge leisten sollen. Aus der deutschen Geschichte kennen wir das durch den Fall der Mauer: Nach einer falsch verstandenen Aussage Günter Schabowskis 1989 berichtet die internationale Presse, dass freie Reisen möglich seien. Tausende Bürgerinnen laufen zu Grenzübergängen in Berlin. Die unvorbereiteten Grenztruppen sind mit der Situation überfordert und öffnen schließlich die Grenzen. Dieser Ausgang war nicht vorhersehbar, sondern ergab sich spontan. Wie wichtig diese Übergangssituationen sind, zeigte auch die iranische Revolution 1979. Als der Schah das Land verließ, war noch vollkommen unklar, wer künftig die Macht im Iran haben würde. Der Oppositionspolitiker Schapur Bachtiar war kurz vorher als Premierminister eingesetzt worden und versuchte, eine Übergangsregierung unter seiner Führung zu organisieren. Die Opposition unter Ajatollah Chomeini hatte einen eigenen Premierminister für den Übergang ernannt und erkannte seine Autorität nicht an. Diesen Machtkampf versuchte Bachtiar für sich zu entscheiden, indem er – wie das Militär im Sudan – eine Ausgangssperre verhängte und einen Notstand ausrief. Als Chomeini dazu aufrief, beides zu ignorieren, wurde klar, dass Bachtiar keine Autorität hatte. Kurz danach floh er nach Frankreich und Chomeini übernahm die Macht.[8] So begann die Herrschaft der Islamisten im Iran, die bis heute andauert.

Ein solcher Machtkampf entwickelte sich nun auch im Sudan, und zwar zwischen dem militärischen Übergangsrat und dem Oppositionsbündnis FFC, das sich aus Gewerkschaftern, Feministinnen, Nachbarschaftskomitees, Parteien und einzelnen Rebellengruppen zusammensetzt. Ähnlich wie im Konflikt zwischen Chomeini und Bachtiar konnte die Opposition zeigen, ob sie trotz Ausgangssperre weiter mobilisieren konnte – und in diesem Fall deutlich machen, wie gering die Autorität der Militärs war. Sie musste jedoch schnell handeln, bevor das Militär seine Macht konsolidieren konnte. Durch schnelle Proteste schaffte sie es, ihre eigenen Kapazitäten unter Beweis zu stellen und ihre Forderungen nach einem echten Wandel zu einer zivilen Regierung zu unterstreichen.

Der Transitional Military Council (TMC), die Militärjunta die sich nach dem Sturz des Diktators gebildet hatte und von Abdel Fattah al-Burhan und Mohammed Hamdan Dagalo geführt wurde, ging zunächst hart gegen die Proteste vor. Bekannt wurde vor allem das Khartum-Massaker. Die Opposition führte weiterhin einen Sit-in vor dem Hauptquartier der sudanesischen Armee durch. Und konnte am 22. Mai 2019 einen

Räumungsversuch verhindern. Trotz al-Baschirs Absetzung schien sie nicht aufgeben zu wollen. Am 3. Juni, dem vorletzten Tag des Ramadan, griffen die Sicherheitskräfte jedoch durch. Kurz vor Sonnenaufgang begannen Einheiten der Rapid Support Forces (RSF), die Protestierenden zu umzingeln. Die RSF unterstehen Mohammed Hamdan Dagalo, damals Vizechef des Übergangsrats. Seine Einheiten begannen kurz nach Sonnenaufgang, auf die Zivilisten zu schießen. Dann rückten die Soldaten vor, verprügelten und vergewaltigten Oppositionelle und setzten Zelte in Brand. Insgesamt wurden mehr als hundert Zivilisten getötet, viele weitere verwundet. Genaue Zahlen gibt es wegen der unmittelbar ausbrechenden Panik und einer einmonatigen Internetsperre während des Massakers bis heute nicht. Selbst Monate danach konnte Human Rights Watch keine Aussage dazu treffen – zu unübersichtlich ist bis heute die Lage. Leichen wurden später aus dem Nil geborgen, von Soldaten hineingeworfen. Unzählige Menschen werden seitdem vermisst.[9]

Die massive Gewalt hielt die Protestbewegung jedoch nicht davon ab, kurze Zeit später wieder auf die Straße zu gehen und dieses Mal Gerechtigkeit für die Toten des 3. Juni zu fordern. Die Gewalt sollte einschüchternd wirken, erzielte aber erneut den gegenteiligen Effekt: Aus Wut über die große Brutalität mitten im Herzen der Hauptstadt erhielt die Opposition Aufwind. Am nächsten Tag rief die SPA dazu auf, das Land durch friedlichen Protest und einen Generalstreik lahmzulegen. Vom 9. bis zum 11. Juni blieben die Schulen leer, die Busse standen still, Banken schlossen und Krankenhäuser behandelten nur noch Notfälle. Militärisch behielt der TMC die Kontrolle, aber der wirtschaftliche Preis, den er dafür zahlte, wurde immer höher. Der Erfolg des Generalstreiks zwang die Generäle an den Verhandlungstisch.

Bereits am 12. Juni einigten sich die Militärs und Oppositionsführer auf die Freilassung politischer Häftlinge im Gegenzug für ein Ende des Streiks. Während die Proteste weitergingen und Soldaten auf Demonstrierende schossen, verhandelten sie über eine Übergangsregierung und politische Reformen. Einen Monat später kam es schließlich zu einer Einigung: Ein jeweils zur Hälfte von Militär und Zivilisten besetzter Souveräner Rat sollte das Land für drei Jahre und drei Monate regieren: Zunächst sollte das Militär den Rat anführen, nach 21 Monaten dann die Opposition die Führung übernehmen. Neuer Regierungschef würde der Diplomat Abdalla Hamdok. Das Massaker sollte durch eine Untersuchungskommission aufgeklärt werden.

Und tatsächlich fanden zunächst Reformen statt. Das frauenfeindliche Public-Order-Gesetz, das Aussehen und Verhalten von Frauen in der Öffentlichkeit streng regulierte, wurde zurückgenommen und die Genitalverstümmelung verboten, die Presse konnte freier berichten, der Einfluss der Geheimdienste wurde geschwächt und ein Friedensabkommen mit Rebellen aus den Provinzen geschlossen.[10] Die Hoffnungen im Land waren groß. Die ganze Welt blickte auf den Sudan. Bereits 2019 hatten die afrikanische Union und Äthiopien zwischen Opposition und Militär vermittelt. Und auch Deutschland spielte im Übergangsprozess eine Rolle: Die sogenannten Freunde Sudans trafen sich im März 2019 in Berlin und koordinierten die Außenpolitik von Staaten mit Beziehungen in den Sudan.[11] Der Sudan, unter al-Baschir wegen seiner Menschenrechtsverletzungen, blutigen Kriege und Unterstützung für internationalen Terror lange Zeit isoliert, sollte nun auf die internationale Arena zurückkehren. Und die Freunde Sudans sollten finanzielle und diplomatische Unterstützung für einen demokratischen Übergang bieten. Mit klaren Bedingungen für diese Hilfe sollten beide Seiten überzeugt werden, sich an das Abkommen zu halten.

Gleichzeitig wurden bereits mit der neuen Machtteilung Konfliktlinien klar: Im Souveränen Rat, der neuen Übergangsregierung, spielten Frauen kaum eine Rolle. Nur zwei der elf Mitglieder waren Frauen – obwohl sie ja während der Revolution eine zentrale Rolle gespielt hatten. Das entspricht einem Drittel der zivilen Mitglieder, da auch fünf (männliche) Generäle in dem Rat saßen. Frauenorganisationen bemängelten nicht nur im Rat, dass ihre Stimme in den Verhandlungen weniger gehört wurde. Auch in der Übergangsregierung waren nur vier der sechzehn Ministerinnen Frauen. Und bei den Friedensverhandlungen zwischen Rebellen und Regierung machten Frauen ebenfalls gerade einmal zehn Prozent der Delegierten aus. Die Befürchtung stand im Raum, dass sich für die Mobilisierung gern auf Frauen gestützt wurde, die bei Demonstrationen das Risiko eingehen sollten, zum Ziel staatlicher Gewalt zu werden. Nach den Massenprotesten, wenn tatsächlich über Inhalte, politische Ziele und Machtverteilung gesprochen wurde, wurden sie jedoch wieder zurückgedrängt, verloren an Sichtbarkeit und Mitsprache.

Wie stark die Konflikte innerhalb der zivilen Opposition ausfielen, offenbarte sich zwei Jahre später. Am 16. Oktober 2021 kam es zu Protesten – gegen die Regierung und für das Militär. Tausende riefen Sprüche wie »Eine Armee, ein Volk« und forderten Militärchef al-Burhan auf, einen Putsch durchzuführen. Proteste, die vermutlich von einem Teil der Opposition selbst organisiert wurden, um ihre Konkurrenten durch das Militär absetzen zu lassen.[12] Dieser gehorchte und setzte prompt den Souveränen Rat ab. Womit er gegen sich selbst putschte, denn das Militär war nicht nur an der Regierung beteiligt, sondern hatte immer noch die Führung über den Rat.

Al-Burhan löste das Kabinett auf und stellte den amtierenden Premierminister Hamdok unter Hausarrest. Die Schwäche des Oppositionsbündnisses FCC ermutigte ihn dabei, denn auch ohne Proteste waren Bruchlinien deutlich geworden. Bereits im Vorjahr hatten sich mehrere Gruppen, darunter die Sudanese Professionals' Association, aus dem Bündnis zurückgezogen.[13] Sie konnten sich nicht über den Umgang mit den Sicherheitskräften und ihre Vorstellungen zum Übergangsprozess einigen. Diese Gruppen hatten jedoch während der Revolution die Massenmobilisierung ermöglicht und mit dem Generalstreik das Land lahmgelegt. Der Militärchef reagierte also nicht nur auf die Proteste, sondern auch auf die veränderten Machtverhältnisse. Die Opposition war zu diesem Zeitpunkt in einen kleineren Pro-Militär-Flügel, der offen zum Putsch aufrief, und einen größeren Anti-Militär-Flügel gespalten, der auf Autonomie und die Einhaltung des Übergangsabkommens pochte. Ohne einen Putsch hätte er die Macht an den Anti-Militär-Flügel abgeben müssen. Da beide Flügel durch den Rückzug von Gewerkschaften und Graswurzelbewegungen geschwächt waren, befürchtete er zudem keine großen Gegenproteste, was den Moment für ihn günstig erscheinen ließ.

Doch der Putsch schweißte die zerstrittene Opposition wieder zusammen. Denn egal, wie groß die inhaltlichen Differenzen waren: Die meisten Sudanesinnen lehnten die Machtergreifung durch das Militär ab. Der festgesetzte Premierminister Abdalla Hamdok weigerte sich, den Putsch öffentlich zu unterstützen und rief zum Widerstand auf. Die SPA und das FFC schlossen sich an und organisierten Massenproteste. Hunderttausende beteiligten sich trotz Internetsperre und Militärpräsenz an Straßendemonstrationen.[14] Streiks legten erneut weite Teile des öffentlichen Lebens lahm und Straßen wurden landesweit blockiert. Die Hoffnung der Generäle, dass die Opposition zu gespalten sei, um sich zu wehren, ging nicht auf – die Sudanesinnen wiederholten ihren Erfolg von 2019, als sie schon einmal dem Militär getrotzt hatten.

Auch international wurde der Putsch von zahlreichen Regierungen verurteilt. Dass die Außenministerin Mariam al-Mahdi den Putsch ebenfalls ablehnte und der internationalen Presse Interviews gab, in denen sie ihre Position bekräftigte, erzeugte zusätzliche Aufmerksamkeit. Verschiedene Botschafter schlossen sich dem an und bekräftigten ihre Loyalität gegenüber dem abgesetzten Premierminister. Die Vereinten Nationen und die Afrikanische Union forderten den Sudan dazu auf, den Übergangsprozess fortzusetzen. Die EU und mehrere westliche Staaten erklärten, dass sie weiterhin die Regierung Hamdok als legitime Vertreter Sudans anerkannten. Das waren mehr als symbolische Erklärungen, denn sie forderten im gleichen Zuge, dass ihre Botschafter mit dem Premierminister sprechen wollten.[15] Das brachte die Militärregierung, die ihn unter Hausarrest gesetzt hatte, in eine schwierige Situation: Sie konnte entweder die Beziehungen zu diesen Ländern abbrechen und dabei auf finanzielle und diplomatische Unterstützung verzichten, die ihr nach dem Umsturz 2019 in Aussicht gestellt worden war. Oder sie konnte den Botschaftern Zugang zu Hamdok gewähren – und damit seinen Anspruch, weiterhin amtierender Regierungschef zu sein, stärken.

Der Putsch hielt gerade einmal einen Monat an. Im November stimmte al-Burhan einer Rückkehr zum Übergangsprozess zu und setzte Hamdok erneut als Premierminister ein. Politische Gefangene wurden freigelassen. Zum politischen Alltag konnte die Regierung jedoch nicht einfach zurückkehren, denn die Generäle hatten das verbliebene Vertrauen der Bevölkerung verspielt. Was war ein Abkommen wert, das durch das Militär jederzeit aufgekündigt werden konnte? Die

Proteste gingen weiter und richteten sich jetzt auch gegen Hamdok, dem ein Ausverkauf der Revolution vorgeworfen wurde, weil er trotz Putsch als Premierminister regieren wollte. In der kurzen Zeit seit dem Putsch waren Oppositionelle gegen Anhänger der alten Diktatur ausgetauscht worden. Das alte Establishment war zurück, und die Protestierenden befürchteten dadurch eine Stärkung des Militärs. Die Opposition lehnte jede Zusammenarbeit mit dem Militär ab und erklärte, eine Regierung, der das Militär angehöre, nicht anzuerkennen.[16] Unter dem Druck der Straße musste auch Hamdok kurze Zeit später, im Januar 2022, zurücktreten. Der Übergangsprozess, der eigentlich vorsah, dass nun eine zivile Regierung die Macht übernähme und Wahlen vorbereite, war damit endgültig ausgesetzt.

Es verging fast ein Jahr mit andauernden Protesten, internationalem Druck und einer sich rapide verschlechternden wirtschaftlichen Situation, bis ein neues Abkommen zwischen dem Militär und der Opposition zustande kam. Das Misstrauen zwischen allen beteiligten Gruppen machte es sehr schwierig, einen Durchbruch zu erzielen. Doch schließlich kam man zu einem Abkommen, das tatsächlich weiterging als alle vorherigen Absprachen. Das Militär würde sich weitestgehend aus der Politik zurückziehen, die zivile Regierung würde aber auch das Militär weitestgehend autonom lassen. Ein schmerzhafter Kompromiss für beide Seiten, denn die Generäle würden politische Macht aufgeben, das Militär würde aber weiterhin gegen Reformen immun sein. Die Verantwortlichen von Repressionen wie dem Khartum-Massaker oder der gewaltsamen Unterdrückung von Protesten nach dem Putsch 2021 würden danach kaum Konsequenzen fürchten müssen. Zentral für das Abkommen aber war, dass nach 24 Monaten zumindest endlich die lange versprochenen Wahlen erfolgen sollten. Doch auch diesmal verspielten die Militärs die Chance auf einen geordneten Übergang.

Der Putsch hatte nämlich nicht nur Konfliktlinien innerhalb der Opposition aufgezeigt; auch quer durch das Militär verlief eine Bruchlinie, die furchtbare Konsequenzen haben sollte. Von 2019 bis 2021 hatten Militärchef al-Burhan und der Anführer der paramilitärischen RSF, Dagalo, weitgehend an einem Strang gezogen. Im Zuge des Putsches hatte al-Burhan zivile Mitglieder der Regierung durch Anhänger des alten Regimes ersetzt. Dagalo gab im Laufe der Krise immer häufiger zu erkennen, dass er den Putsch für einen Fehler hielt und den Einfluss des alten Establishments fürchtete, da es al-Burhan näherstand als ihm. Bis dato galten die RSF als politisch einflussreiche Miliz, die es durchaus mit al-Burhans regulärem Militär aufnehmen konnte. Dagalo drohte nun ein Bedeutungsverlust.

Dieser Konflikt eskalierte Anfang 2023, noch bevor das neue Übergangsabkommen in Kraft treten konnte. Verhandlungen zwischen Armee, RSF und zivilen Vertretern scheiterten an Fragen wie der Eingliederung der RSF in die reguläre Armee und der Frage, welche Rolle die derzeitige Führung der RSF künftig haben sollte. Im April begann dann die Schlacht um Khartum. In zahlreichen Provinzen schlossen sich andere Milizen den Kämpfen an. Den Preis für den Krieg zahlte erneut die Zivilbevölkerung. Die Vereinten Nationen bezeichneten den Konflikt im Oktober 2023 als einen der schlimmsten humanitären Albträume der jüngsten Geschichte. 25 Millionen Menschen benötigten Hilfsgüter, etwa 9000 Menschen seien getötet und fast sechs Millionen vertrieben worden.[17] Diese Zahlen dürften mittlerweile deutlich höher ausfallen.

Mit dem Beginn des Krieges endete die Revolution vorerst. Die Opposition forderte al-Burhan und Dagalo vergebens dazu auf, die Kampfhandlungen einzustellen. Die Nachbarschafts-

und Widerstandsgruppen, Keimzellen der Proteste gegen das Regime, veränderten ihre Aktivitäten. Statt Demonstrationen organisierten sie nun medizinische Hilfe für Zivilisten oder verbreiteten Anti-Kriegs-Botschaften. Sie beteiligten sich an Evakuationen und informierten auf den sozialen Medien über die Lage vor Ort.[18] Im Krieg können Demonstrierende schlechter agieren, ihre Stimmen gehen im Kugelhagel unter, sie müssen vorsichtiger agieren. Neben humanitären Maßnahmen können sie Einfluss auf die Konfliktparteien ausüben und sich bereithalten für die Zeit nach dem Konflikt. Verglichen mit den Hoffnungen der Revolution sind das aber sehr ernüchternde Aussichten.

Eine Revolution ist ein Marathon, kein Sprint. Das zeigt das Beispiel Sudan besonders eindrücklich. Die Protestierenden schafften es, nicht nur einen Umsturz zu erwirken – gleich viermal setzten sie sich durch: Im April 2019 gegen die Diktatur al-Baschirs, im Mai 2019 und im November 2021 gegen die Militärregierungen al-Burhans sowie 2022 gegen die zivile Regierung, die al-Burhan und Hamdok ausgehandelt hatten. Um ihre Interessen zu vertreten, mussten sie immer und immer wieder mobilisieren, trotz inhaltlicher Differenzen. Sie schafften es, islamistische, frauenfeindliche Gesetze abzuschaffen. Sie erzwangen Reformen und Liberalisierungen, etwa im Presserecht. Und dennoch: Ihr politisches Projekt bleibt wegen des Ehrgeizes der Generäle unverwirklicht, ihr Krieg hat die bis dahin vielversprechende Transformation unterbrochen.

Um das Militär zu Verhandlungen zu zwingen, braucht die Opposition Verhandlungsmasse. Die beiden erfolgreichen Generalstreiks und Massenproteste 2019 und 2021 gewährten ihr genau das: Die Militärs wurden zu Zugeständnissen gezwungen, um die Wirtschaft am Leben zu erhalten. Ohne ein Abkommen drohte der Sudan unregierbar zu werden. Nachdem das Land aufgrund des Bürgerkriegs jedoch sowieso kaum mehr regierbar ist, ist diese Verhandlungsmasse der Opposition deutlich weniger wert. Damals unterstrich außerdem die Unterstützung der internationalen Gemeinschaft, sowohl der Europäischen Union als auch der Afrikanischen Union, diese Verhandlungsmasse. Ein Abkommen mit der Opposition erlaubte es den Militärs nicht nur, den Sudan nach innen besser zu regieren, sondern auch, die Beziehungen des Landes nach außen zu verbessern – und damit Wirtschaftshilfen und ein Ende der Sanktionen zu erlangen.

Die eigentliche Revolution aber begann stets erst, nachdem die Generäle an den Verhandlungstisch gezwungen wurden. Denn nun konnte über Inhalte gesprochen werden. Doch sobald die Forderungen konkret wurden, drohten Spaltungen der Opposition. Im Moment der Massenproteste vereinte sie die Gegnerschaft zum System. Sobald das System nicht mehr unmittelbar eine Gefahr darstellte, traten stattdessen Differenzen innerhalb der Opposition in den Vordergrund. Wer sich von Verhandlungen ausgeschlossen fühlte, konnte schnell den Glauben an das Ergebnis verlieren. Und jede Verhandlung zwang die Opposition zu Kompromissen, die dazu führten, dass Teile der eigenen Anhänger sich abwandten.

Dass der Übergangsprozess letztlich scheiterte, lag aber nicht am Zustand der Opposition. Das Militär überschätzte seine eigene Macht mit dem Putsch 2021. Und zerstörte dadurch Vertrauen – eine essenzielle politische Ressource, die sich nur sehr schwer wiederherstellen lässt. Zu den katastrophalen Folgen dieser Fehlentscheidung gehört auch der bewaffnete Konflikt zwischen Armee und RSF. Denn anstatt die Opposition zu spalten, vertiefte der Putsch Konflikte zwischen den Militärs. Ob und wann sich die sudanesische Politik davon erholen kann, ist vollkommen offen – es droht ein langfristiger blutiger Konflikt mit massiven Auswirkungen auf die ganze Region.

Was also können Protestierende in so einer Situation tun? Wo die Straße nicht sicher ist, bleibt der Widerstand im Kleinen. Die Zivilgesellschaft kämpft aktuell nicht für die Revolution, sondern um ihr Überleben. Das ist tragisch und paralysierend, die humanitäre Katastrophe ist dringender als jedes politische Ziel. Und sie erfordert einen Strategiewechsel.

Aber auch ein solcher Widerstand im Kleinen kann bedeutende Konsequenzen haben, wie das Beispiel des Irans in Kapitel 3 zeigt. Denn er kann Leben retten, wenn er zum Beispiel Oppositionellen die Flucht ermöglicht und Aufgaben des Staates, etwa in der Gesundheitsversorgung, selbstständig übernimmt. Aktivismus in der Krise heißt oft, nicht zu demonstrieren, sondern Nachbarn zu retten. Und auch wenn der sudanesische Staat gerade mit Kriegsführung beschäftigt ist und die zivile Politik weitgehend ruht: Früher oder später wird (hoffentlich) verhandelt werden. Die Zivilgesellschaft kämpft auch um ihr Überleben, pflegt ihre Netzwerke in dieser Ausnahmesituation weiter, um dann bereitzustehen für Gespräche. Und spätestens dann wird sich zeigen, ob die Militärs ihre Lektion gelernt haben. Denn ohne die Opposition zu regieren hat bisher vor allem Verlierer produziert – und das auf allen Seiten.

1

Der (globale) Backlash.
Gewalt und Repressionen
gegen Protestbewegungen

Robert Forbes starb, weil er seine Grundrechte ausübte. Am
3. Juni 2020 demonstrierte der 55-jährige Afroamerikaner in
Bakersfield, Kalifornien, gemeinsam mit einigen Hundert anderen mitten auf einer Straße und blockierte den Verkehr. Dennoch schoss plötzlich ein Auto heran, überfuhr Robert Forbes
und kam kurz darauf zum Stehen. Der Fahrer ließ sich see-
lenruhig von der Polizei festnehmen, einen Gerichtssaal sollte er aber nie von innen sehen – denn er starb vorher. Der Fall
wurde kaum beachtet, denn ein anderes Thema bestimmte die
US-amerikanische Politik: Wenige Tage zuvor hatte der Polizist
Derek Chauvin dem Afroamerikaner George Floyd mit seinem
Knie 9 Minuten und 29 Sekunden lang die Luft abgedrückt,
bis er starb. Landesweit brachen Proteste aus: Gegen Polizeigewalt, gegen Rassismus. Die letzten Worte George Floyds, »I
can't breath«, die 2014 in einem ähnlichen Fall schon einmal
vom Afroamerikaner Eric Garner gesprochen worden waren,
wurden zur wichtigen Parole der Black-Lives-Matter-Bewe-
gung gegen die Polizeigewalt an Schwarzen.

Es konnte gerichtlich nie geklärt worden, was im Falle Forbes genau geschehen ist, weil der Fahrer vorher verstarb. Die
Ereignisse lassen sich aber aus Videos in den sozialen Medien
und Erklärungen der Polizei halbwegs rekonstruieren. Protes-

tierende gingen davon aus, dass Forbes absichtlich überfahren wurde, der Fahrer selbst leugnete das. In einem mittlerweile gelöschten Beitrag auf Facebook gab er an, den Protest nicht gesehen zu haben.[1]

Der Fall reiht sich ein in eine Reihe beunruhigender Vorfälle der letzten Jahre: Autofahrer, die absichtlich, teils mit hohem Tempo, in Proteste fahren, Protestierende brutal rammen und dabei Todesfälle und schwere Verletzungen in Kauf nehmen. Begleitet wurden diese Vorfälle von Gewaltfantasien in den sozialen Medien. Erschreckend viele Menschen wollten die damals in den USA Protestierenden verletzen, um die vermeintlich bedrohte öffentliche Ordnung auf eigene Faust wiederherzustellen und blockierte Straßen freizuräumen. Die Zeitung *Boston Globe* zählte zwischen Mai 2020 und September 2021 insgesamt 139 Fälle, in denen Autofahrerinnen in Proteste rasten. Dabei starben drei Personen, mehr als hundert wurden verletzt.[2]

Und die Politik? Reagierte überraschend schnell. Bereits Anfang 2021 hatte sie neue Gesetze verabschiedet, um auf die Gewalt zu reagieren. Ihre Reaktion fiel jedoch anders aus, als man erwarten würde: Nicht die unbewaffneten Zivilisten wurden geschützt, sondern die Fahrer, die mit ihren tonnenschweren Gefährten in die Menschenmassen prallten. Iowa und Oklahoma machten es vor und erließen Gesetze, die Autofahrerinnen zum Teil vor rechtlichen Konsequenzen bewahrten, wenn diese Protestierende verletzten. In Florida wurde eine Regelung verabschiedet, die sogar noch weiter ging und das Recht auf Protest grundsätzlich einschränkte. 2021 verabschiedeten die Republikaner insgesamt 81 Gesetze in 34 Bundesstaaten, die das Recht auf Protest einschränkten, indem sie beispielsweise Straßenblockaden verboten und existierende Strafen gegen Protestierende verschärften – eine Rekordsumme.[3] Sie argumentierten häufig, dass Gewalt gegen Protestierende durch Zivilisten eine Form der Selbstverteidigung darstelle, weil beispielsweise Straßenblockaden und Menschenmassen Autofahrer gefährdeten. Und legitimierten damit staatlich den Zorn eines Teils der Bevölkerung gegen Proteste. Dass Fahrzeuge in friedliche Menschenmengen rasen, kannte man davor eher von islamistischen Terroristen, nun wurde es als legitimer Umgang mit friedlichem Protest behandelt. Selbst ernannte Gesetzeshüter konnten seitdem Gewaltfantasien gegen ihre Mitbürgerinnen immer legaler ausleben.

Die USA zeigen damit eindrücklich, wohin eine populistische Politik führen kann, die solche Wutausbrüche in Gesetzesform gießt. Denn Protest ist oft unbequem, selten beliebt. Er erzeugt Emotionen. Und wenn die Politik da munter mitmacht, kann es schnell eskalieren. In Deutschland wurde dies bei der Letzten Generation deutlich. Nachdem die öffentliche Diskussion soweit eskaliert war, den zivilen Ungehorsam der Letzten Generation mit der terroristischen Gewalt der RAF zu vergleichen, nahmen in der Bevölkerung auch die Fantasien zu, der Letzten Generation Gewalt anzutun. Und tatsächlich machten dann auch schnell Bilder die Runde, wie Auto- und Lkw-Fahrerinnen ausstiegen und die Protestierenden gewaltsam von der Straße entfernten, teilweise anfuhren. In Mannheim zerrte ein Autofahrer die Aktivistinnen von der Straße und trat wütend auf sie ein.[4] In Berlin sprühte ein Mann ihnen Reizgas ins Gesicht.[5] Und in München fuhren Autofahrer im Schritttempo Aktivisten an und schoben sie mehrere Meter vor sich her.[6]

Dass die Gewalt nicht dieselben Auswüchse wie in den USA annahm, lag auch daran, dass die Politik in weiten Teilen die Eskalation nicht mitmachte und Begriffe wie die »Klima-RAF«

es nicht in das Regierungsprogramm schafften. Auch wurde Gewalt gegen Protestierende nicht legalisiert. Die Polizei machte vielmehr deutlich, dass allein sie für die Entfernung von Protestierenden zuständig ist – sie ging gegen die Blockierer ebenso wie gegen die aggressiven Autofahrer vor und ermittelte wegen Körperverletzung. In Deutschland einigten sich die meisten Beteiligten darauf, das Gewaltmonopol des Staates hochzuhalten. Dennoch: Wenn in dieser Gemengelage einige wenige Innenministerinnen ausgeschert wären, wenn sich die kühleren Köpfe in den Parteien nicht durchgesetzt hätten, sondern die Wut weiter angetrieben, wäre auch hier tödliche »Selbstjustiz« nicht auszuschließen gewesen. Der Populismus gegen Proteste bleibt ein Spiel mit dem Feuer.

Und auch hier sind Grundrechtseinschränkungen bei Protesten immer wieder ein Thema. Man nehme die Corona-Jahre, in denen Protest nur eingeschränkt möglich war. Während der Pandemie waren Versammlungen zeitweise verboten. Das Virus breitete sich aus, und wir mussten von einem Lockdown in den nächsten. Wir erinnern uns wahrscheinlich alle daran, dass sich zeitweise nicht mehr als zwei Personen aus unterschiedlichen Haushalten treffen duften und man in manchen Bundesländern zu bestimmten Uhrzeiten nicht grundlos das Haus verlassen konnte. Der Protestforscher Daniel Mullis beobachtete bereits 2020, wie die Polizei teils unklar formulierte Landesverordnungen restriktiv auslegte. Obwohl sich zum Beispiel die Seebrücke-Bewegung in Frankfurt an Abstandsregeln hielt und die ca. 400 Protestierenden Mund-Nasen-Bedeckungen trugen, wurde ihre Menschenkette aufgelöst. Zeitgleich wurden Demonstrationen in anderen Bundesländern gleich komplett verboten.[7] In Berlin wurden sogar leere Schuhe, die vor dem Brandenburger Tor verteilt wurden, von der Polizei entfernt.

Anwaltsvereinigungen, Menschenrechtsorganisationen und Rechtswissenschaftlerinnen kritisierten diese Auslegung des Infektionsschutzes. Die Grünen und die Linkspartei forderten: Der Gesundheitsschutz müsse mit der Versammlungsfreiheit in Einklang gebracht werden.[8] Ein Dilemma, das die damalige Bundeskanzlerin Angela Merkel einräumte, als sie von der Pandemie als einer »Zumutung für die Demokratie« sprach.[9] Ob ihr die Balance letztlich gelang, wird wohl für künftige Historiker zu bewerten sein.

Wesentlich eindeutiger lässt sich die Debatte über sogenannte »Deutschengrundrechte« 2023 bewerten. Nachdem Islamisten für ein Kalifat demonstrierten, forderte der FDP-Bundestagsabgeordnete Maximilian Mordhorst eine »stärkere Unterscheidung zwischen Deutschengrundrechten und Jedermannsrechten«. Dem schloss sich seine Parteikollegin Sabine Leutheusser-Schnarrenberger, Antisemitismusbeauftragte in NRW, an: Bei Versammlungsanmeldungen müsse geprüft werden, wie die Staatsangehörigkeit sei, denn das sei eines der wenigen Grundrechte, die nur Deutschen zustünden.[10]

Das ist, man muss es so deutlich sagen, falsch.

Denn wie wir in Kapitel 2 bereits geklärt haben: Das Recht auf Protest ist nicht nur im Grundgesetz verankert. Dort steht in Artikel 8 zwar tatsächlich: »Alle Deutschen haben das Recht, sich ohne Anmeldung oder Erlaubnis friedlich und ohne Waffen zu versammeln« – was erst mal so klingt, als sei Versammlungsfreiheit an die Staatsbürgerschaft gekoppelt. Das Recht auf friedliche Versammlungen wird aber auch durch die EU-Grundrechtecharta abgedeckt, und dort ist nicht von Staatsbürgerinnen die Rede. Es wird außerdem in den Versammlungsgesetzen der Bundesländer noch konkretisiert, und dort ist in der Regel auch nicht die Rede von »Deutschen«. Das gilt übrigens auch für NRW, wo das Versammlungsgesetz wie folgt lautet: »Jede Person hat das Recht, sich ohne Anmeldung oder Erlaubnis friedlich und ohne Waffen mit anderen zu versammeln und Versammlungen zu veranstalten.«[11] Das klingt dann schon deutlich mehr nach einem »Jedermannsrecht« als nach einem »Deutschengrundrecht«. Zudem hielt der wissenschaftliche Dienst des Bundestags in einem Gutachten zur Versammlungsfreiheit von Ausländern fest: »Daher ist die Versammlungsfreiheit in sämtlichen Versammlungsgesetzen als ›Jedermannsrecht‹ ausgestaltet. Hierauf können sich neben Deutschen auch EU-Ausländer, Ausländer aus Drittstaaten und Staatenlose berufen.«[12] Leutheusser-Schnarrenberger, die in ihrer politischen Laufbahn mehrfach Justizministerin war und auch eher zum Bürgerrechtsflügel der FDP zählt, räumte dies auch schon einen Tag später ein und distanzierte sich von ihrer ersten Aussage.[13] Solch ein Bekenntnis einer demokratischen Liberalen zur liberalen Demokratie ist natürlich begrüßenswert. Die Diskussion zeigt aber, wie schnell im Eifer des Gefechts selbst Stimmen, die sonst für Grundrechte streiten, sich mitreißen lassen und diese infrage stellen. Und ob diese Klarstellung auch an den Stammtischen des Landes angekommen ist, wage ich zu bezweifeln. Einige werden aus den Medien nur vernommen haben, dass die Versammlungsfreiheit ausschließlich Deutschen zusteht – egal, wie unzutreffend das ist. Steht eine solche Falschinformation einmal im Raum, ist der Schaden leider schon angerichtet.

Doch auch direkte Einschränkungen des Versammlungsrechts fernab von spitzfindigen Wortklaubereien und historischen Krisen gab es in der jüngeren Vergangenheit. International wurde vor allem das Vorgehen der bayrischen Behörden gegen Umweltaktivistinnen mit Sorge betrachtet. Der Sonderberichterstatter der Vereinten Nationen für Umweltschützer, Michel Forst, zählte Bayern als eines der Negativbeispiele in

Europa auf, in denen das Demonstrationsrecht eingeschränkt wurde. Besonders in der Kritik stand das Polizeiaufgabengesetz, das 2017 verschärft wurde. Grund dafür ist die Präventivhaft, die das Gesetz vorsieht, wenn Behörden davon ausgehen, dass jemand eine Straftat begehen wird. Bis 2017 war eine solche Haft 14 Tage lang möglich. Ihre Verhältnismäßigkeit musste von Richtern bestätigt werden. Nach der Verschärfung des Gesetzes erhöhte sich die Dauer auf drei Monate – theoretisch unendlich verlängerbar. Die CSU wollte damit der Terrorismusgefahr begegnen. Nach scharfer öffentlicher Kritik von der Opposition und Experten reduzierte die Landesregierung die Präventivhaft auf einen Monat, die durch ein richterliches Gutachten um einen weiteren Monat verlängert werden kann.[14] Die Regelung wurde zwischen 2017 und 2023 jedoch kein einziges Mal bei Terrorverdacht angewandt, sondern stattdessen vor allem gegen Umweltaktivisten und bei Verstößen gegen die Coronamaßnahmen, wie der Bayrische Rundfunk berichtete.[15]

Ist das verhältnismäßig? Wenn jemand einen Terroranschlag mit Todesopfern plant, spielt das in einer anderen Liga als ein Akt zivilen Ungehorsams, der vermutlich später nicht mit einer Freiheitsstrafe belegt wird. Ziviler Ungehorsam ist in der Regel so harmlos, dass die meisten eine Gefängniszelle nur vor ihrer hypothetischen Tat sehen werden, nicht aber danach.

Und es ist nicht nur die Präventivhaft, die einen, was demokratische Grundrechte angeht, besorgt nach Bayern blicken lässt. Im Dezember 2022 wurden in mehreren Bundesländern Razzien gegen die Letzte Generation durchgeführt. Außerdem wird in mehreren Bundesländern wegen der Bildung einer »kriminellen Vereinigung« gegen sie ermittelt oder eine solche Ermittlung geprüft. In Brandenburg wurde sogar schon eine Anklage eingeleitet, und das Landgericht München bestätigte den Anfangsverdacht, sodass auch dort eine Anklage folgen dürfte. Die Menschenrechtsorganisation Amnesty International kritisierte dies scharf. Hier würden Mittel gegen Organisierte Kriminalität auf gewaltfreien Protest angewandt, was demokratische Freiräume einschränke. Sie bezweifelte, dass von der Letzten Generation eine erhebliche Gefahr für die öffentliche Sicherheit ausgehe, was ein zentraler Faktor ist, um von der Bildung einer »kriminellen Vereinigung« zu sprechen.[16] Diese Fragen zur Verhältnismäßigkeit polizeilicher Maßnahmen gegen Protest sind zentrale Fragen der Demokratie. Denn das Recht auf friedlichen Protest, wie wir es in Kapitel 2 besprochen haben, kennt eigentlich nur eine Einschränkung: wenn dieser nicht mehr friedlich ist.

Was genau mit unfriedlichem Protest gemeint ist, wird immer wieder diskutiert, die Grenze verschoben. Wer Unfriedlichkeit sehr breit definiert, in jeder Störung der öffentlichen Ordnung eine erhebliche Gefahr erkennen will, kann damit das Recht auf Protest aushöhlen. Gerichte urteilen regelmäßig gegen eine solche Auslegung. Die Politik hält das aber nicht unbedingt davon ab.

Amnesty International kritisiert schon lange Einschränkungen der Versammlungsfreiheit. 2023 führte die Organisation in einem Bericht erstmals auch Deutschland als Land auf, in dem der Staat immer strenger gegen Protest vorgehe. Unrechtmäßige Gewalt gegen Demonstrierende beobachtete sie in 86 von 156 untersuchten Ländern.[17] Das Recht auf Protest sei weltweit gefährdet.[18] Und das eben nicht nur in Diktaturen, sondern zunehmend auch in Demokratien. Spätestens seit der Präsidentschaft Donald Trumps erleben wir immer wieder eine Diskussion um Autokratisierung und welche Gefahr für die Demokratie davon ausgeht. Zu selten beziehen wir das auch auf Grundrechtseinschränkungen, auf das Recht auf Protest.

Dabei geht Autokratisierung gerade schnell mit einer solchen Einschränkung des Rechts auf Protest einher. Denn in Demokratien, die autoritärer werden, geht es oft darum, dass eine vermeintliche Mehrheit ohne Widerstände durchregiert und eine Machtkonzentration stattfindet. Minderheiten stehen da nur im Wege, ihre Rechte blockieren die Vorstellungen eines starken, zentralisierten Staates. Da Proteste von diesen Minderheiten genutzt werden können, um sich Gehör zu verschaffen und Mehrheitsentscheide zu verlangsamen, setzt, wer die liberale Demokratie aushebeln will, deswegen gern genau hier an.

Befürworter eines restriktiven Umgangs mit Protesten verfangen damit regelmäßig, gerade weil Protest irritiert und stört. Dass das Recht auf Protest immer wieder infrage gestellt wird, liegt auch daran, wie emotional das Thema behandelt wird. Was für die einen eine viel greifbarere, romantisierte Form von Politik ist, ist für die anderen die Grenze zur Anarchie und dem Ende der öffentlichen Ordnung.

Demonstrationen lösen Emotionen aus. Bei denen, die protestieren, aber auch bei denen, die sie beobachten. Das liegt auch daran, dass sie »ein Stück ursprünglich-ungebändigter unmittelbarer Demokratie« enthalten. Diese fast schon kitschige Formulierung stammt nicht etwa aus einem Protestlied, sondern aus einem Urteil des Bundesverfassungsgerichts von 1985 zu Anti-AKW-Protesten in Brokdorf.[19] Dieses Urteil war indirekt Teil einer Debatte über die Legitimität von Protesten und Protestformen, die seit den 1960er-Jahren immer mehr Fahrt aufgenommen hatte. Denn das Gericht bekräftigte, was soziale Bewegungen spätestens seit dieser Zeit immer wieder behauptet hatten: dass Demokratie Protest braucht. Um öffentlich Einfluss zu nehmen auf den politischen Prozess, um pluralistische Initiativen und Alternativen zu entwickeln und Kritik auszudrücken und um »den politischen Betrieb vor Erstarrung in geschäftiger Routine zu bewahren«. Denn: Die Parlamente organisieren Mehrheitsentscheidungen. Diese würden legitimer, je effektiver Minderheitenschutz gewährleistet ist und diese Minderheiten Gelegenheit haben, sich einzubringen. Demonstrativer Protest, so das Urteil, sei insbesondere nötig, wenn Repräsentativorgane mögliche Fehlentwicklungen nicht rechtzeitig erkennen oder berücksichtigen – Protest sei damit ein politisches Frühwarnsystem.[20]

Viel knackiger als das Bundesverfassungsgericht kann man die Rolle von Protesten für die Demokratie kaum zusammenfassen. Proteste wirken demokratisch, indem sie Meinungsäußerungen zwischen Wahlen möglich machen und Minderheitenpositionen sichtbar machen.

Aber auch Autokratien brauchen Protest als politisches Frühwarnsystem. Durch Proteste können sie politische Fehler erkennen und Stimmungslagen verstehen, möglicherweise also Konflikte lösen, bevor diese eskalieren. In China beispielsweise stieg die Anzahl von Protesten, wie wir gesehen haben, in den 1990-Jahren deutlich an. Nach dem Tian'anmen-Massaker forderten diese Proteste die Machthaber aber nicht mehr direkt heraus, sie dienten eher als Ventil für Unzufriedenheit. Die Regierenden konnten im Gegenteil an Protesten erkennen, welche Probleme ernst sind, und darauf reagieren, bevor die Unzufriedenheit sich ausweitete. Die Proteste stabilisierten den Staat dadurch eher, als dass sie ihm schadeten, wie der Hongkonger Politikwissenschaftler Chen Xi feststellte.[21] Solange der Protest keine grundsätzlichen Machtfragen stellt, kann das demokratische Instrument auch von autokratischen Machthabern genutzt werden. Wären die Sudanesinnen nach dem Abtritt al-Baschirs heimgegangen und hätten zugelassen, dass die Generäle ihre Revolution kapern, hätten diese nur an Macht gewonnen.

Protest wird nicht nur in Autokratien von Gegnern der Demokratie genutzt. Wenn Rechtsextreme in Deutschland aufmarschieren, um die Abschaffung der Bundesrepublik zu fordern, dann nutzen sie das demokratische Instrument des Protests, um die Demokratie selbst anzugreifen. Protest soll ja Themen sichtbar machen, die einer Minderheit am Herzen liegen, und diese Minderheit kann eben auch antidemokratisch oder rechtsextrem sein. Gerade in der Demokratie sind die Antidemokraten ja bestenfalls in der Minderheit und damit auf Protest angewiesen, um sich Gehör zu verschaffen. Dass Minderheiten sich Gehör verschaffen können, ist ein Kernelement der Demokratie. Selbst wenn diese Minderheit selbst der Demokratie wenig abgewinnen kann.

Es mag paradox erscheinen, dass längst auch die Gegnerinnen der Demokratie aktiv Proteste für sich nutzen. Autokraten benutzen zum Beispiel Scheinproteste, um ihre Gegnerinnen einzuschüchtern und zu delegitimieren. Als 2011 russische Aktivisten für freie und faire Wahlen demonstrierten, mobilisierte Putin schnell Gegendemonstrantinnen. Auf keinen Fall sollte der Eindruck entstehen, dass in Putins Russland die Opposition eine Massenbasis habe.

Es hilft dabei nicht, dass wir häufig eine moralisch überhöhte Vorstellung von Protesten haben. Wir denken bei Protesten meist an pro-demokratische Proteste wie die Bürgerrechtsbewegung in den USA, die Unabhängigkeitsbewegung in Indien, die Anti-Apartheid-Bewegung in Südafrika oder die demokratischen Revolutionen in Osteuropa nach 1989 – und überhöhen so Protest moralisch. Mit dem Ergebnis, dass die weniger schönen Details und Kapitel in der Protestgeschichte weniger Aufmerksamkeit erhalten. Protest von reaktionären Antidemokraten aus dem rechtsextremen oder islamistischen Spektrum wird schnell gar nicht als Protest, geschweige denn legitimer Protest angesehen. Dabei bedienen sich beide explizit der Methoden von Protestbewegungen.

Das fällt besonders bei Rechtsextremen auf, die spätestens seit den 2000er-Jahren Strategien linker sozialer Bewegungen kopieren. Bis in die 1990er-Jahre hatten sie sich vor allem in Parteien und Vereinen organisiert. Weil diese jedoch verboten wurden, sahen sie sich gezwungen, andere Wege zu gehen und erfanden sich als soziale Bewegung neu. Die »Autonomen Nationalisten« imitierten Ästhetik und Subkultur der autonomen Szene, in der sich unorthodoxe Linke engagierten. Das erlaubte es ihnen zum einen, sich vom verstaubten Image der »alten« Rechtsextremen, also vor allem der NPD, abzugrenzen. Mit diesem »modernen« Auftreten konnten sie gezielt Jugendliche rekrutieren.[22] Bekannt wurden die Schulhof-CDs, mit denen rechtsextreme Kameradschaften und NPD Werbung für sich machen wollten. Dazu stellten sie ab 2004 wiederholt CDs mit rechtsextremer Musik zusammen und verteilten diese auf Schulhöfen an Jugendliche. Handlungen wie diese waren Teil ihrer Strategie, gezielt eine eigene, rechtsextreme Gegenkultur zu etablieren.

Während die NPD in den Parlamenten aktiv war und dort versuchte, Themen zu setzen oder Politikerinnen unter Druck setzen, waren die Autonomen Nationalisten eher auf der Straße aktiv. Und die Partei fuhr damit gut: Hatte sie 2002 noch 0,4 % bei der Bundestagswahl erzielt, kam sie 2005 schon auf 1,6 %. In Sachsen schaffte sie 2004 erstmals den Einzug in den Landtag, 2006 folgte Mecklenburg-Vorpommern. In ihren Hochburgen wie dem sächsischen Reinhardtsdorf-Schöna wurde die NPD 2004 von 23,1 Prozent gewählt. Und rekrutierte dabei immer wieder ihre Parteikader aus rechtsextremen Subkulturen und Bewegungen. Die völkischen Aktivistinnen besetzten gleichzeitig öffentliche Räume und hielten rechtsextreme Debatten aufrecht. In manchen Regionen gelang es ihnen so, eine rechte Hegemonie aufzubauen. Das Vereinsleben, die Zivilgesellschaft sind dort von Rechtsextremen geprägt. Das kann im Extremfall darin münden, dass rechtsextreme Grundstücke kaufen, um darauf »Nazidörfer« entstehen zu lassen. Wer nicht Teil dieser Subkultur ist, wird dann gezielt durch Schikanen und Gewalt verdrängt.

Wozu das führen kann, machte die italienische CasaPound vor. Der britische Journalist Tobias Jones bezeichnete die rechtsextreme Bewegung als »Faschismus für Hipster«, der als »Hefe im rechtsradikalen Teig« anderen Bewegungen Auftrieb verleihe. Jones, der in Italien lebt, schrieb der Partei schon 2018 eine erfolgreiche Normalisierung des Faschismus zu. In den späten 1990er-Jahren trafen sich Anhänger Mussolinis regelmäßig in einem Pub in Rom. Neben der Vorliebe für Alkohol und Faschismus verband sie ein ähnlicher Musikgeschmack, der Barbesitzer hatte gerade eine Rechtsrockband gegründet. 2003 dann wurde daraus mehr: Sie besetzten ein riesiges leer stehendes Gebäude und gründeten dort eine Art rechtsextremes Kulturzentrum. Ihre Kameraden fanden dort außerdem Wohnraum. Die Bewegung breitete sich rasch aus: Innerhalb von 15 Jahren besetzten sie 106 Gebäude.[23] Das gelang, indem sie geschickt kreative Protestformen nutzten und junge Menschen ansprachen. 2006 »erhängten« sie beispielsweise Hunderte Schaufensterpuppen in Rom, um mit den schockierenden Bildern auf steigende Preise und die prekäre Wohnungslage hinzuweisen. Sie scheiterten zwar bei den Wahlen, wurden aber immer sichtbarer und schafften es so, soziale Themen von rechts zu besetzen.

Ihre größten Erfolge fanden nicht in den Parlamenten statt, sondern auf den Straßen, im vorpolitischen Raum. Wodurch sie die politische Kultur Italiens veränderten. Ihr Einfluss auf

Parteien blieb eher indirekt, durch ihren kulturellen Effekt. Von der Normalisierung des Faschismus profitierte besonders eine Partei, die seit 2022 die Regierung in Italien stellt: die Fratelli d'Italia (FdI), eine sogenannte postfaschistische Partei. Ihr Vorgänger, die Movimento Sociale Italiano, war noch sehr unmittelbar faschistisch. Sie wurde nämlich nach dem Zweiten Weltkrieg von Anhängern Mussolinis gegründet und war ein Sammelbecken für einstige Parteigänger des *Duce*. Alessandra Mussolini, Mussolinis Enkelin, die seiner Gesinnung folgte, zog 1992 für die Partei ins Parlament ein – und unterhielt auch Kontakte zur deutschen NPD und der Österreichischen FPÖ. Aus einer Abspaltung der Partei gründete sich 2012 die Fratelli d'Italia, der der alte Faschismus zwar zu bieder war, sich aber dennoch nicht vollkommen davon distanzierte und mit diesem Image immer wieder spielt. Der Präsident des italienischen Senats, Mitglied der FdI, zeigte einem Fernsehteam sein Zuhause – inklusive einer Statue Mussolinis. Seit 2022 stellt die FdI die Premierministerin Italiens, Giorgia Meloni.

Im Gespräch mit der *Zeit* sagte der italienische Politikwissenschaftler Roberto D'Alimonte: Die rechtsextreme Kernwählerschaft der Partei mache acht bis zehn Prozent aus, der Rest seien keine überzeugte Postfaschisten. Sie stimmten nach Gefühl ab.[24] Und genau diesem Gefühl bereiten rechtsextreme soziale Bewegungen wie die CasaPound den Boden. Sie machen im vorpolitischen Raum Dinge sag- und denkbar, die später von Parteien wie der FdI für erfolgreiche Wahlkämpfe genutzt werden können. Und spätestens mit dem Wahlerfolg Melonis, die 26 Prozent der Stimmen einfuhr, sind diese Bewegungen auch nicht mehr gegenhegemonial, sondern nur noch hegemonial. Während die Regierungspartei aktiv den öffentlich-rechtlichen Rundfunk umbaut und Positionen in der Kulturlandschaft mit Gefolgsleuten besetzen will, steht die CasaPound für den Kulturkampf außerhalb der Parlamente. Und trägt so dazu bei, die italienische Gesellschaft stetig weiter nach rechts driften zu lassen. Melonis Regierung strebt mittlerweile eine Verfassungsänderung an, die die Position der Premierministerin stärken würde. Und die von Kritikerinnen mit der Verfassungsänderung unter Mussolini verglichen wird.[25]

Ein anderes Beispiel für eine antidemokratische soziale Bewegung findet sich bei den Islamisten. Ähnlich wie beim Rechtsextremismus kann es für hochgezogene Augenbrauen sorgen, überhaupt von einer sozialen Bewegung zu sprechen. Es gibt aber einiges, was dafürspricht, es doch zu tun. Denn wie der niederländische Historiker Roel Meijer treffend bemerkte: Islamismus nicht als ein strukturelles Problem, sondern als soziale Bewegung zu verstehen, nimmt ihn viel ernster.[26] Anstatt Islamismus auf ein Überbleibsel vergangener Zeiten zu reduzieren oder als Begleiterscheinung globaler Ungleichheiten zu verstehen, kann man ihn auch als gezielte politische Strategie begreifen und so politisch bekämpfen, anstatt zu hoffen, dass er mit der Zeit von selbst aussterben wird.

Islamisten organisieren sich dort als soziale Bewegung, wo sie nicht an der Macht sind. Im Iran, wo die Theokratie nach der Revolution von 1979 offizielle Staatsform wurde, ist von den aktivistischen Anfängen ihrer Anführer heute wenig zu spüren. Sie sitzen ja bereits an allen Schaltstellen der Macht, brauchen also keinen Protest mehr, um ihre Interessen durchzukriegen. In Ländern aber, in denen Islamisten weit davon entfernt sind, politisch direkt Einfluss nehmen zu können, greifen sie auf klassische Protestformen zurück. Die Türkei hatte zum Beispiel eine lange laizistische Tradition, die auf den Kemalismus, die nationalistische Ideologie des Staatsgründers Atatürk, zurückging. Der Staat war entsprechend säkular aufgebaut. Das

Militär, das lange Zeit die Strippen zog und mehrmals gegen missliebige demokratische Regierungen putschte, war ebenfalls streng antireligiös. Der türkische Soziologe Cihan Tuğal forschte dazu, wie Islamisten diesen Staat herausforderten. Zunächst waren sie vorsichtig, was Proteste anging – sie hatten in den 1960er- und 1970er-Jahren beobachtet, wie das Militär harsch gegen linke Demonstrationen vorging und die Proteste letztlich wenig bewirkten. Aus diesem Grund steckten sie ihre Kapazitäten stattdessen in den Kampf um den vorpolitischen Raum: Indem sie den Alltag veränderten, religiöse Riten beispielsweise am Arbeitsplatz praktizierten und religiöse Themen in Teehäusern diskutierten. Dort thematisierten sie dann auch zunehmend islamistische Inhalte, verbanden Politik und Religion in geschützteren Gesprächsräumen, anstatt den Staat damit öffentlich herauszufordern. Und trugen so zu einer Islamisierung der Gesellschaft bei, die Erdoğan dabei half, 2003 zum Ministerpräsidenten der Türkei aufzusteigen[27] und den türkischen Staat seitdem von oben umzubauen. Vom einstigen Laizismus des türkischen Staates ist in der Zwischenzeit wenig übrig geblieben. Durch Massenentlassungen und Verhaftungen wurden politische Gegner herausgedrängt und wichtige Positionen mit Parteianhängern Erdoğans besetzt.

Der »lange Marsch durch die Institutionen«, den Tuğal beschreibt, war in der Türkei besonders erfolgreich. In Ansätzen existieren solche Entwicklungen aber auch anderswo. In Ägypten schafften es die Islamisten sogar, sich an die Spitze einer Revolution zu setzen, die sie selbst überrascht hatte. 2011 blickte die gesamte Welt auf den sogenannten Arabischen Frühling (wir erinnern uns an Tunesien aus dem zweiten Kapitel), und auch in Ägypten kam es zu Massendemonstrationen. In Kairo gingen Hunderttausende auf die Straße. Hosni Mubarak, fast 30 Jahre lang Alleinherrscher des Landes, wurde in der Folge vom Militär zum Rücktritt gezwungen. Die Proteste waren spontan entstanden, und die islamistische Muslimbruderschaft zögerte erst, ob sie diese mittragen wollte. Obwohl sie sich erst spät hinter die Proteste stellte, schaffte sie es, nach der Revolution zu einer der wichtigsten Kräfte aufzusteigen.

Die 1928 gegründete islamistische Muslimbruderschaft ist eine der ältesten Bewegungen in Ägypten. Schon in den 1960er- und 1970er-Jahren hatte sie die Herrschaft der Militärs infrage gestellt, scheiterte damit jedoch politisch. In der Folge errichtete sie ein Netzwerk aus sozialen Wohlfahrtsorganisationen. Diese bauten unter anderem Schulen und Krankenhäuser auf und engagierten sich in der Armenhilfe. Neben solchen karitativen Zielen verfolgten sie immer wieder auch politische, riefen zu Demonstrationen auf oder beteiligten sich sogar an Wahlen. Sie reagierten dabei immer wieder auf neue politische Rahmenbedingungen und passten sich diesen an. 2011 war erneut ein solcher Moment: Als es durch den Umsturz unerwartet zu Wahlen kam, waren die Muslimbrüder eine der am besten organisierten Bewegungen ohne Beziehungen zum alten Regime. Bei den Wahlen zum Parlament gewannen sie haushoch und dominierten die verfassungsgebende Versammlung. Kurz danach wurde Mohammed Mursi, der der Bewegung nahestand, zum Präsidenten gewählt. Nach fast 100 Jahren in der Opposition hielten die Muslimbrüder plötzlich innerhalb kürzester Zeit sehr viel Macht in den Händen. Und sie nutzten diese Macht wenig anders als ihre Vorgänger: Die Gerichte, Ministerien und Verfassung sollten nach ihrem Willen gestaltet werden, gegen den Widerstand vieler anderer Revolutionäre, die eher demokratischen, liberalen oder linken Ideen nahestanden. Diese Gruppen protestierten schließlich 2013 gegen die Regierung Mursis: Ein willkommener Anlass für das Militär, den unbeliebten Präsidenten wieder abzusetzen.

Das Militär putschte und ging in der Folge hart gegen die Muslimbruderschaft und ihre Anhänger vor. Als diese gegen die Absetzung Mursis protestierten, war von Zurückhaltung aufseiten des Militärs wenig zu spüren. Bekannt wurde das Rabaa-Massaker: Soldaten eröffneten das Feuer und schossen auf zwei friedliche Protestlager in Kairo. Eine bis heute umstrittene Zahl an Menschen wurde getötet, die Zahlen gehen in die Hunderte. Die Menschenrechtsorganisation Human Rights Watch konnte mindestens 817 Tote ausmachen, es existiert jedoch eine hohe Dunkelziffer. Sie bezeichnete das Massaker als weltweit größte Tötung von Demonstrierenden innerhalb eines Tages, die in der jüngeren Geschichte stattgefunden hat.[28] In den folgenden Wochen wurden Zehntausende verhaftet, die Muslimbruderschaft offiziell verboten und in Massenprozessen Hunderte zum Tode verurteilt.

Die Repressionen gegen politische Gegner sind seitdem noch deutlich schlimmer als vor dem sogenannten Arabischen Frühling. Sie treffen längt nicht nur Islamisten, auch Linke, Liberale und demokratische Aktivistinnen sind betroffen. Wer das System zu offen kritisiert, geht große Gefahren ein. Aus diesem Grund zogen sich die Muslimbrüder wieder aus dem öffentlichen Raum zurück. Ihre Anführer wurden immer wieder festgenommen, wer rechtzeitig fliehen konnte, lebt heute im Exil. Mursi selbst starb 2019 in Haft. Anhänger warfen dem Militär vor, ihm eine angemessene Gesundheitsversorgung verweigert zu haben. Die Muslimbrüderschaft agiert nun wieder mehr im privaten Bereich. Das liegt auch daran, dass sie ihr Bündnis mit anderen regimekritischen Bewegungen erneuerte und an der Gewaltfreiheit festhielt.[29] Dass das weiterhin regierende Militär aber gewaltfreie Protestformen erschwert und Dissidenten verfolgt, bringt trotzdem einen radikalen Rand hervor. Dieser ist längst öffentlich sichtbarer und besteht vor allem aus anderen, radikaleren Islamisten: Der sogenannte Islamische Staat und andere terroristische Gruppen sind vor allem auf der Sinai-Halbinsel aktiv. Allein 2022 verübten sie dort nach Angaben der USA 95 Anschläge.[30] Das ägyptische Militär begründet seinen Putsch 2013 und seine anhaltende Macht gern mit der Gefahr, die von der autokratischen Politik der Islamisten damals ausging. Dass ihre nicht weniger autokratische Politik vor allem friedliche Bewegungen schwächt und die gewaltfreie Opposition bekämpft, islamistischen Terror aber bisher nicht einhegen konnte, hören die Generäle dagegen weniger gern.

Weder Rechtsextreme noch Islamisten kämpfen in der Regel für die Demokratie. In den genannten Beispielen nutzen sie Protest, um Macht zu erlangen. Trotzdem ist ihr Protest nicht gleichzusetzen mit der Machtdemonstration rechtsextremer oder islamistischer Diktaturen. Wenn Autokraten Demonstrationen »von oben« dazu nutzen, Regimegegner oder Konkurrenten einzuschüchtern, dann ist das Ausdruck der Regierungspolitik und damit viel gefährlicher als ein spontaner Protest »von unten«, der die Politik erst mühsam überzeugen muss. Denn wenn Antidemokraten keine politische Macht haben und deswegen im vorpolitischen Raum Platz einnehmen, üben sie ihre Grundrecht auf friedlichen Protest aus. Sie wollen damit in vielen Fällen die Grundrechte anderer abbauen – dass sie demokratische Mittel verwenden heißt nicht, dass sie auch demokratische Ziele verfolgen. Das hält die Demokratie jedoch aus, in den meisten Fällen kriegen wir es nicht einmal mit. Zwischen 1993 und 2015 waren nach Zahlen des Protestforschers Dieter Rucht immerhin 12,3 Prozent der Proteste in Deutschland antidemokratisch und somit gezielt gegen unsere bestehende Gesellschaftsordnung gerichtet.[31] Sie drücken die

Meinung einer Minderheit aus. Solange aber die Politik diese Forderungen nicht aufgreift und damit der Mehrheit aufzwingt, bleiben sie wirkungslos.

Die Differenzierung ist wichtig, wenn es um den Umgang mit antidemokratischen Protesten geht. Das Grundgesetz schützt explizit auch das Recht, das Grundgesetz friedlich zu kritisieren, anders könnte es ja gar nicht zu Verfassungsänderungen kommen. Protest ist erst einmal nichts weiter als ein politisches Instrument, das früher oder später auch von politischen Kräften einer Gegenseite genutzt wird.

Das heißt aber nicht, dass Protest ein Freifahrtschein ist. Wenn zum Beispiel eine Demonstration von Rechtsextremen vor einer Asylbewerberunterkunft angemeldet wird, ist es nicht abwegig, dass hier Menschen eingeschüchtert werden sollen. Die Polizei kann in diesem Fall Auflagen machen, um zu verhindern, dass der Protest gewaltsam eskaliert – und ihn zum Beispiel an einen anderen Ort verlagern. Und das geltende Recht ist natürlich nicht außer Kraft gesetzt, nur weil eine Demonstration stattfindet. Wenn Demonstrantinnen Straftaten verüben, beispielsweise im Schutze der Massen in Geschäfte einbrechen oder verbotene Symbole zeigen, können sie strafrechtlich verfolgt werden. Das Grundrecht auf Versammlungsfreiheit wird von Gerichten zwar mittlerweile meistens so ausgelegt, dass der Protest nicht wegen einzelner Straftaten, die währenddessen stattfinden, aufgelöst werden kann. Die Polizei kann jedoch Platzverweise gegen einzelne Menschen aussprechen, sie kann auch die Identität von Straftätern feststellen und nach dem Protest gegen diese vorgehen. In diesen Fällen kann dann einige Wochen nach einer Demonstration Post vom Staatsanwalt im Briefkasten liegen. Die Auflösung der Demonstration ist eher ein letztes Mittel, wenn alles andere nicht funktioniert hat – oder wenn eine direkte

Gefahr von dem Protest ausgeht, beispielsweise ein Mob den Reichstag stürmt.

Das klingt vielleicht eindeutig, im Detail ist es jedoch komplizierter, denn es gibt immer einen Ermessensspielraum. Und die wichtigste Institution, um diesen zu beurteilen, sind Gerichte, die über die genaue Auslegung der Grundrechte entscheiden, über die Verhältnismäßigkeit polizeilicher Maßnahmen, und die klären, ab wann die Grenzen des friedlichen Protests tatsächlich überschritten wurden. Es ist wichtig, dass es hierfür eine Institution gibt und dies nicht in der öffentlichen Debatte entschieden wird. Denn wir alle sind befangen in der Frage, was legitim ist und was nicht. Dieselben Linken, die Straßenblockaden der Letzten Generation verteidigt haben, regen sich schon mal über Blockaden der Bauern auf, und Konservative, denen Dosensuppe auf teuren Gemälden wie eine Neuauflage der RAF vorkam, waren bei Angriffen auf Politikerinnen erstaunlich still. Nicht weil sie unbedingt gut fanden, was da im eigenen Lager passierte. Sondern weil es immer leichter ist, sich über (vermeintliche und reale) Rechtsbrüche des politischen Gegners zu empören.

Und das ist auch in Ordnung so, denn das ist die Aufgabe starker unabhängiger Gerichte. Am Ende entscheiden sie.

Dafür brauchen Gerichte aber auch die Unterstützung der Gesellschaft und Politik. Autokraten greifen ihre Unabhängigkeit gern als Erstes an. Wo Richter unter Druck gesetzt werden, auf politische Befindlichkeiten Rücksicht zu nehmen, drohen demokratische Rückschritte. Ein bisschen Doppelmoral von aktiven Politikern hält die Demokratie aus. Fundamentale Veränderungen der Justiz weniger. Und wer daran sägt, um heute besser gegen Demokratiefeinde vorzugehen, ist schnell selbst betroffen, wenn die Demokratiefeinde jemals politische Macht erlangen sollten.

Erfolgsbedingungen von sozialen Bewegungen zu verstehen hilft manchmal auch dabei, mit gelassenerem Blick auf diese zu schauen. Empörung ist ein Treiber für spontanes Protestgeschehen. Eine Stimmungslage, die sich kurzfristig ergibt, kann einen Protest besonders groß ausfallen lassen – und genauso schnell wieder verschwinden. Nicht nur Macron machte es vor: Manche Proteste lassen sich einfach aussitzen.

Darauf aber falsch zu reagieren, kann schlimmer sein, als nicht zu reagieren. Denn Polizeigewalt und übermäßige Repressionen können Solidarisierungen auslösen und aus einem Nischenprotest eine Massenbewegung machen – siehe Stuttgart 21, wo die gewaltsame Räumung des Protests mit Wasserwerfern für massive Empörung sorgte. Sie können auch eine Radikalisierung bewirken, weil ich mir nicht mehr durch friedlichen Protest Gehört verschaffen kann und dann extremistischere Wege suche. Wenn die Wut sich angestaut hat, ohne ein Ventil zu haben, kann sie irgendwann umso schlimmer explodieren.

Was also hilft gegen antidemokratischen Protest? Wenn die Parteien ihre Inhalte nicht aufgreifen und sie damit legitimieren, können sie wenig bewirken. Wenn zusätzlich Gegenproteste ihnen den öffentlichen Raum nicht widerspruchsfrei überlassen, können sie schwer Meinungsmache betreiben und politische Stimmungen bei einer Mehrheit beeinflussen. Hier spielt auch die Medienberichterstattung eine Rolle: Ob ein Protest skandalisiert wird oder als legitimer, friedlicher Protest dargestellt, beeinflusst, ob er Erfolg hat. Kurz gesagt: Die Demokratie braucht Demokratinnen – in Parteien, den Medien, der Zivilgesellschaft –, um mit Antidemokraten umzugehen. Wenn die Demokratie nur noch von der Polizei verteidigt wird, ist vermutlich schon nicht mehr allzu viel übrig von ihr.

Demokratie braucht nicht nur Verteidigerinnen. Sie lebt vom Wettstreit politischer Vorstellungen. Und dazu leisten prodemokratische Bewegungen einen wichtigen Teil, indem sie Themen setzen und Ideen entwickeln. Die Demokratie braucht Protest auch, um sich zu erneuern und weiterzuentwickeln – und die Stagnation erst gar nicht zuzulassen, von der antidemokratische Kräfte zehren.

Protest zuzulassen ist immer auch ein Risiko: Der Staat gibt Kontrolle ab, und was genau die Menschen mit ihren Rechten machen, kann er nicht wissen. Ein Risiko, das für die Demokratie jedoch fundamental ist. Und solange mehr Menschen für die Demokratie als gegen sie protestieren, geht das auch gut aus. Gefährlich wird es dagegen, wenn die Politik nur noch vorhersehbar ist, wenn der Staat präventiv jede Unsicherheit abschaffen will. Dann fehlt genau dieser Wettstreit. Und diese Lücke füllen antidemokratische Kräfte nur allzu gern. Wenn die Demokratie nicht mehr zulässt, sich stetig selbst zu erneuern, dann übernehmen ihre Gegnerinnen.

Dazu kommt es hoffentlich nie. Falls doch, bleibt uns vermutlich auch nur der Protest dagegen.

Outro

Demokratiebewegungen fordern weltweit Staaten heraus und ringen den Mächtigen Zugeständnisse ab. Die »Neuen Sozialen Bewegungen« in Deutschland kreierten eine Art zu protestieren, wie es sie vorher nicht gab, und die Frauen, die im Iran kollektiv das Kopftuch abnahmen, taten dasselbe. Genauso verändern sich aber auch Staaten.

Die Demokratie erfindet sich neu, manchmal wird sie restriktiver, wie die Anti-Demonstrationsgesetze in den USA aus Kapitel 7 zeigen. Manchmal wird sie moderner, wenn das Wahlrecht ausgeweitet wird oder sich neue Kommunikationsformen zwischen Regierung und Bürgern durchsetzen. Wo Abgeordnete einst persönlich mit Wählerinnen sprechen mussten, konnten sie später in ihren Büros angerufen werden oder können heute in den sozialen Medien kontaktiert und so auch im digitalen Raum erreicht werden. Das verändert den Protest.

Und auch Autokratien verändern sich, meistens indem sie sich gegenseitig in ihren Repressionsmaßnahmen inspirieren. Kein Autokrat, der etwas auf sich hält, kommt heute noch ohne eine umfassende digitale Überwachung aus. Der Wilde Westen des Internets, den man noch aus den späten 2000er-Jahren kennt, ist schon lange Geschichte. Digitale Räume werden reguliert, überwacht, eingeschränkt. Das führt dazu, dass Protestierende sich plötzlich nicht mehr unbedingt digital absprechen, sondern Kommunikationswege offline finden, wie wir am Beispiel Hongkong gesehen haben. Technologien sind selten dauerhafte Gamechanger – sie können Protestierenden einen kurzen Vorsprung gewähren, wenn diese sie besser beherrschen als die Behörden. Mit ihren riesigen Budgets und ihrer Infrastruktur können sie dauerhaft aber nicht mithalten.

Es wird deswegen immer beides geben: den Protest im digitalen Raum und den Protest im physischen Raum. Überall dort, wo Staaten gerade einen blinden Fleck haben, können sich Dissidenten organisieren, bis die Behörden ihnen auf die Schliche kommen und ihre Vernetzung und Aktionen unterbinden. Protestierende finden aber immer wieder neue blinde Flecken, denn selbst der mächtigste Apparat kann nicht überall gleichzeitig sein.

Wie also sieht die Zukunft des Protests aus? Während des Schreibprozesses dieses Buches kündigte sich eine technische Revolution an, deren Folgen noch gänzlich unabsehbar sind: Die Firma OpenAI stellte mit ChatGPT ein Sprachmodell vor, das verblüffend gute Texte verstehen und produzieren kann. Damit lassen sich zahlreiche digitale Prozesse automatisieren. Bis diese Technik von Staaten genutzt wird, um Protest zu überwachen, ist es wohl nur eine Frage der Zeit. Sie könnte zum Beispiel dazu dienen, automatisch politische Trends in sozialen Netzwerken besser zu erkennen, wenn etwa Schlagworte wie »Protest« und ein Ortsname gemeinsam fallen. Damit ließen sich Aufrufe zu Protesten, auch indirekte, effizienter erkennen. Überwacht werden diese Netzwerke auch schon jetzt, es ist nur bislang nicht einfach, die gigantischen Datenmengen, die dort anfallen, auszuwerten – künstliche Intelligenz droht den Aufwand und die Kosten dafür zu reduzieren und Staaten ein neues mächtiges Tool zur Protesteindämmung an die Hand zu geben.

Umgekehrt könnten Protestierende künstliche Intelligenz nutzen, um staatliche Behörden zu verwirren, indem sie gezielt Falschinformationen streuen. Und auch sie können Daten analysieren, deren Auswertung vorher zu aufwendig war: Informationen beispielsweise über Bewegungsmuster von Polizeieinheiten, wie sie in Hongkong teilweise von Protestierenden gesammelt und geteilt wurden. Damals wurden diese Informationen in eine App eingetragen, die andere Protestierende warnen konnte, dass Polizeieinheiten anrückten. Künstliche Intelligenz könnte hier eine bisher undenkbare Auswertung dieser Daten ermöglichen. Dass sie außerdem immer häufiger auch zum Programmieren genutzt wird, weil die Sprachmodelle auch Programmiercodes vorschlagen können, könnte Verschlüsselungstechnologien leichter verfügbar machen.

All dies ist natürlich hochgradig spekulativ. Wer am Ende von den neuen Technologien profitiert, ist schwer vorhersehbar, und auch die genauen Anwendungsgebiete hängen noch sehr von künftigen technischen Fortschritten ab. Und natürlich auch von der Verfügbarkeit – nicht alle Protestierenden weltweit haben eine internationale Kreditkarte und das notwendige Einkommen, um die Abogebühren für moderne künstliche Intelligenz zu bezahlen. Hier wird es regionale Unterschiede geben.

Was die Anzahl von Protesten insgesamt angeht, dürfte diese kaum abnehmen. Denn wenn ich sehe, dass meine Nachbarn Erfolg damit hatten, etwas politisch umzusetzen oder einen kulturellen Wandel zu erreichen, kann dies zwei Reaktionen auslösen: Mich ärgert ihr Erfolg, weil ich etwas ganz anderes will, oder er inspiriert mich, weil ich eigene politische Ziele habe. In beiden Fällen werde ich wohl kopieren, was ihnen gut gelang. Protest neigt deswegen dazu, weiteren Protest zu produzieren. Und auch wenn Protest nicht immer Erfolg hat: Je mehr protestiert wird, je mehr Menschen versuchen, etwas zu ändern, desto häufiger gelingt es manchen von ihnen auch.

Und spätestens wenn Autokraten auch in Demokratien nach der Macht greifen, ist Protest oft das letzte Mittel, dem etwas entgegenzusetzen. Sollte Trump wirklich die US-amerikanischen Wahlen im November 2024 gewinnen und eine zweite Präsidentschaft antreten, sollte Le Pen in Frankreich ebenfalls politische Verantwortung übernehmen, dann wäre die Politik in Parteien und Verbänden daran gescheitert, dies zu verhindern. Ihre Pläne, die Demokratie auszuhöhlen und ihre eigene Agenda durchzusetzen, ließen sich nur noch auf der Straße bekämpfen. Besonders optimistisch stimmend ist das nicht.

Protest ist, wie gesagt, ein Korrektiv, der Sand im Getriebe, und kein Allheilmittel der Demokratie. Aber: Je häufiger die Demokratie unter Beschuss steht und andere Gegengewichte ausfallen, desto wichtiger wird das demokratische Instrument des Protestes. Das zeigen die Proteste gegen Autokratisierung und für Demokratie in Polen, die zu einem Regierungswechsel beigetragen haben. Das zeigen aber auch Proteste gegen Autokraten, wo Protestierende trotz Repressionen und Zensur aufbegehren, wie beispielsweise in Afghanistan. Wenn Grundrechte ausgehöhlt werden, können Demokratiebewegungen es sich längst nicht mehr leisten, nur von Demokratien zu lernen. Menschen in Autokratien haben jahrzehntelang Wissen angesammelt, wie man unter solchen Bedingungen protestieren kann. Sie zeigen, wie langfristige Community- und Bündnisarbeit sich in einer Krise auszahlen kann. Und sie verdeutlichen, wie wichtig der Kampf um Grundrechte ist. Denn wenn diese einmal abgebaut wurden, ist es schwer, sie wiederherzustellen. Auch wenn dieser Kampf zu einer Sisyphos-Aufgabe wird, Empörung sich abnutzt, weil die Probleme dauerhaft sind. Durch kreativen Protest schaffen es die Menschen in Autokratien, immer wieder neu zu mobilisieren. Es lohnt sich, von ihnen zu lernen.

Quellen

1
Intro

1 Romani, Aja. »How K-pop fans are weaponizing the internet for Black Lives Matter.« *Vox*, 22.6.2022, https://www.vox.com/2020/6/8/21279262/k-pop-fans-black-lives-matter-fancams-youtubers-protest-support
2 Pahwa, Nitish. »India Just Had the Biggest Protest in World History«, *Slate Magazine*, 9.12.2020, https://slate.com/news-and-politics/2020/12/india-farmer-protests-modi.html

2
Was ist Protest? Von Revolutionen, sozialen Bewegungen und zivilem Ungehorsam

1 Salehi, Mariam. *Transitional Justice in Process*. Manchester University Press, 2022.
2 Kurzman, Charles. *The Unthinkable Revolution in Iran*. Harvard University Press, 2004.
3 Gobe, Eric. »The Gafsa Mining Basin between Riots and a Social Movement: meaning and significance of a protest movement in Ben Ali's Tunisia«. 2010, https://shs.hal.science/halshs-00557826.

4 McAdam, Doug. »The Biographical Consequences of Activism.« *American Sociological Review*, 1989, 744–760.

5 Schwedler, Jillian. *Protesting Jordan: Geographies of power and dissent.* Stanford University Press, 2022.

6 Bayat, Asef. *Life as Politics: How Ordinary People Change the Middle East.* Stanford University Press, 2013.

7 Sydiq, Tareq. *Autoritäre Interessenaushandlung: Wie Iraner*innen Politik innerhalb autoritärer Rahmenbedingungen gestalten.* Springer VS, 2022.

8 Wasow, Omar. »Agenda Seeding: How 1960s Black Protests Moved Elites, Public Opinion and Voting.« *American Political Science Review* 114.3, 2020, 638–659.

3

Was bringt ziviler Ungehorsam?
Die Kopftuchproteste im Iran

1 Habermas, Jürgen. »Ziviler Ungehorsam – Testfall für den demokratischen Rechtsstaat.« *Ziviler Ungehorsam. Texte von Thoreau bis Extinction Rebellion*, Andreas Braune (Hrsg.), Reclam, 2023 (Original: 1983).

2 Scott, James C. *Weapons of the Weak: Everyday Forms of Peasant Resistance.* Yale University Press, 1985.

3 Bayat, Asef. *Life as Politics: How Ordinary People Change the Middle East.* Stanford University Press, 2013.

4 Golkar, Saeid. »The evolution of Iran's police forces and social control in the Islamic Republic.« *Middle East Brief* 120.3, 2018, 1–9.

5 Golkar, Saeid. »Politics of piety: The Basij and moral control of Iranian society.« *The Journal of the Middle East and Africa* 2.2, 2011, 207–219.

6 Wedeen, Lisa. »Acting ›as if‹: symbolic politics and social control in Syria.« *Comparative Studies in Society and History* 40.3, 1998, 503–523.

7 Neufeld, Dialika. »Who Was Jina Mahsa Amini?« *Der Spiegel*, 08.12.2022, https://www.spiegel.de/international/world/an-iranian-icon-who-was-jina-mahsa-amini-a-f6399d1e-589f-436e-8408-3c44861ba035.

8 »Iran destroys 100 000 ›depraving‹ satellite dishes.« *Al Jazeera*, 24.07.2016, https://www.aljazeera.com/news/2016/7/24/iran-destroys-100000-depraving-satellite-dishes.

9 »Iran: Crackdown on hijab law.« *Office of the High Commissioner For Human Rights*, 26.04.2024, https://www.ohchr.org/en/press-briefing-notes/2024/04/iran-crackdown-hijab-law.

1

Ungesehen ist ungeschehen.
Politischer Protest in Hongkong

1 Ma, Ngok. »Social movements and state-society relationship in Hong Kong.« *Social Movements in China and Hong Kong: The Expansion of Protest Space*, Amsterdam University Press, 2009, 45–63.

2 Mok, Florence. *Covert colonialism: Governance, surveillance and political culture in British Hong Kong, c. 1966–97*. Manchester University Press, 2023.

3 Chenoweth, Erica und Maria J. Stephan. *Why Civil Resistance Works: The Strategic Logic of Nonviolent Conflict*. Columbia University Press, 2011.

4 Alinsky, Saul. *Reveille for Radicals*. University of Chicago Press, 1946. Alinsky, Saul. *Rules for Radicals: A Pragmatic Primer for Realistic Radicals*. Random House, 1971.

5 Lam, Kit. »The relevance of Alinsky? Hong Kong in 1970s and 2000s versus Vancouver in 1970s.« *Community Development Journal* 47.1, 2012, 77–93.

6 Ma, Ngok. »Social movements and state-society relationship in Hong Kong.« *Social Movements in China and Hong Kong: The Expansion of Protest Space,* Khun Eng Kuah-Pearce und Gilles Guiheux (Hrsg.), Amsterdam University Press, 2009, 45–63.

7 Chandler, Clay. »Discontent Afflicts Hong Kong.« *The Washington Post*, 27.05.2000, https://www.washingtonpost.com/archive/politics/2000/06/28/discontent-afflicts-hong-kong/f9df1748-b8d2-437d-a975-ba50a118f7eb/

8 Cheung, Jimmy und Klaudia Lee. »July 1, 2003: 500 000 take to Hong Kong's streets in protest against proposed national security legislation.« *South China Morning Post*, 14.06.2022, https://www.scmp.com/news/hong-kong/politics/article/3178339/july-1-2003-500000-take-hong-kongs-streets-protest-against.

9 Ma, Ngok. »Social movements and state-society relationship in Hong Kong.« *Social Movements in China and Hong Kong: The Expansion of Protest Space*, Khun Eng Kuah-Pearce und Gilles Guiheux (Hrsg.), Amsterdam University Press, 2009, 45–63.

10 »Is China keeping black clothes from Hong Kong?« *Deutsche Welle*, 17.10.2019, https://www.dw.com/en/china-bans-imports-of-black-clothes-to-hong-kong-report/a-50877868.

11 Beauchamp, Zack. »How Umbrellas Became the Symbol of the Hong

Kong Protests.« *Vox*, 29.09.2014, www.vox.com/2014/9/29/6868709/
umbrella-hong-kong-protest.

12 Ma, Ngok. »Rude Awakening. New Participants and the Umbrella Movement.« *The Umbrella Movement: Civil Resistance and Contentious Space
in Hong Kong*, Edmund W. Cheng und Ngok Mak (Hrsg.), Cambridge
University Press, 2019, 77–98.

13 Schubert, Gunter. »Das politische System Hongkongs.« *Einführung in
die politischen Systeme Ostasiens: VR China, Hongkong, Japan, Nord-
korea, Südkorea, Taiwan*, Claudia Derichs und Thomas Heberer (Hrsg.),
VS Verlag für Sozialwissenschaften, 2003, 123–137.

14 Kuo, Ming-Sung. »Hong Kong's Extradition Bill and Taiwan's Sove-
reignty Dilemma.« *The Diplomat*, 26.06.2019, thediplomat.com/2019/06/
hong-kongs-extradition-bill-and-taiwans-sovereignty-dilemma.

15 Roantree, Anne Marie und James Pomfret. »Beholden to Beijing. A Reuters Special Report.« *Reuters*, 28.12.2020, https://www.reuters.com/in
vestigates/special-report/hongkong-security-lam/.

16 »Lam: China Intervention in Hong Kong Still an Option.« *Deutsche
Welle*, 08.10.2019, https://www.dw.com/en/carrie-lam-china-inter
vention-in-hong-kong-cant-be-ruled-out/a-50732525.

17 Smith, Trey. »In Hong Kong, Protesters Fight to Stay Anonymous.«
The Verge, 22.10.2019, https://www.theverge.com/2019/10/22/2092
6585/hong-kong-china-protest-mask-umbrella-anonymous-surveil
lance.

18 »The HK19 Manual – Part 1: The Roles.«, https://docs.google.com/
document/d/1ZrIiXypVUvPIRs9JG8AsU55FkLsz81pqZstKQcbsAHc/
edit#heading=h.9n9f9eiq3xhs.

19 Hale, Erin. »Hong Kong Protests: Apple Pulls Tracking App After China
Criticism.« *The Guardian*, 23.10.2019, https://www.theguardian.com/
world/2019/oct/10/hong-kong-protests-apple-pulls-tracking-app-after-
china-criticism.

20 Wakefield, Jane. »Hong Kong Protesters Using Bluetooth Bridgefy App.«
BBC, 03.09.2019, https://www.bbc.com/news/technology-49565587.

21 Brewster, Thomas. »Hong Kong Protesters Are Using This ›Mesh‹
Messaging App—But Should They Trust It?« *Forbes*, 04.09.2019,
https://www.forbes.com/sites/thomasbrewster/2019/09/04/hong-kong-
protesters-are-using-this-mesh-messaging-app--but-should-they-trust-
it/?sh=3d186a5b18b4.

22 Sydiq, Tareq. »Vom Protest- zum Quarantänejahr: Neue Arenen der
Konfliktaushandlung.« *Zeitschrift für Friedens- und Konfliktforschung*,
9.2, 2020, 351–362.

23 Kirby, Jen. »How Hong Kong's Protests Are Shaping the Response to the Coronavirus.« *Vox*, 07.02.2020, https://www.vox.com/2020/2/7/21124157/coronavirus-hong-kong-protests-china-carrie-lam.

24 Tufekci, Zeynep. »How Hong King Did It.« *The Atlantic*, 12.05.2020, https://www.theatlantic.com/technology/archive/2020/05/how-hong-kong-beating-coronavirus/611524/.

25 Wang, Vivian. »›This Drop Came So Quickly‹: Shrinking Schools Add to Hong Kong Exodus.« *The New York Times*, 11.10.2021, https://www.nytimes.com/2021/10/11/world/asia/hong-kong-population-drop.html.

26 Kwong, Joel, Eric Siu und Julia Kloiber. »Be Water – Insights Into the Hong Kong Citizen Protest Movement.« *Zeitgeister*, 12/2020, https://www.goethe.de/prj/zei/en/art/22072105.html.

27 McLaughlin, Timothy. »The Fracturing of Hong Kong's Democracy Movement.« *The Atlantic*, 15.07.2023, https://www.theatlantic.com/international/archive/2023/07/hong-kong-2019-democracy-protests-trials/674710/.

5

Fließende Übergänge –
Soziale Bewegungen in Deutschland

1 »Berlin: Mehrere tausend Menschen demonstricren gegen Ukraine-Krieg.« *RND*, 27.02.2022, https://www.rnd.de/politik/berlin-mehrere-tausend-menschen-demonstrieren-gegen-ukraine-krieg-VHUFNCASKKZGND6Y4VBVZAZY3I.html.

2 Geiler, Julius. »Großeinsatz für die Berliner Polizei: Auf die Ukraine-Demo folgt der ›Aufstand für Frieden‹.« *Tagesspiegel*, 25.02.2023, https://www.tagesspiegel.de/berlin/grosseinsatz-fur-die-berliner-polizei-auf-die-ukraine-demo-folgt-der-aufstand-fur-frieden-9399881.html.

3 Jasper, James M. und Jane D. Poulsen. »Recruiting strangers and friends: Moral shocks and social networks in animal rights and anti-nuclear protests.« *Social Problems* 42.4, 1995, 493–512.

4 Della Porta, Donatella und Mario Diani. *Social Movements: An Introduction*. Blackwell Publishing, 1999.

5 Rucht, Dieter. »Neue soziale Bewegungen.« *Handwörterbuch des politischen Systems der Bundesrepublik Deutschland*, 1992, 363–367.

6 Weisskircher, Manès. »Far-Right Parties and Divisions over Movement-party Strategy: The AfD and the Anti-Corona Protests of Querdenken.«

Contemporary Germany and the Fourth Wave of Far-Right Politics, Manès
Weisskircher (Hrsg.), Routledge, 2024, 159–173.

7 Weisskircher, Manès, Swen Hutter und Endre Borbáth. »Protest and
   electoral breakthrough: Challenger party-movement interactions in Germany.« *German Politics* 32.3, 2023, 538–562.

8 Pollytix-Wahltrend: https://pollytix.de/wahltrend/.

9 Wie wichtig Audre Lorde für die Schwarze Bewegung in Deutschland
   war, hat *Deutschlandfunk Kultur* im Gespräch mit der afrodeutschen
   Literaturwissenschaftlerin und Autorin Marion Kraft festgehalten, die
   Lorde auch persönlich begegnet war.
   Kraft, Marion und Andrea Gerk. »›Sister Outsider‹ von Audre Lorde.
   ›Ihr müsst euch sichtbar machen‹.« *Deutschlandfunk Kultur*, 06.05.2021,
   https://www.deutschlandfunkkultur.de/sister-outsider-von-audre-lorde-
   ihr-muesst-euch-sichtbar-100.html.

10 Steuwer, Janosch und Till Kössler. »Deutscher Herbst 1991. Rechte Gewalt und nationale Selbstbetrachtung.« *APuZ*, 02.12.2022, https://www.
   bpb.de/shop/zeitschriften/apuz/rechte-gewalt-in-den-1990er-jahren-
   2022/515771/deutscher-herbst-1991/.

11 Bubis, Ignatz. »Aus der Vergangenheit nichts gelernt? Antisemitismus in
   Deutschland.« *Friedrich-Ebert-Stiftung*, 02/1999, https://library.fes.de/
   fulltext/asfo/00228002.htm#LOCE9E3.

12 Kopp, Hagen. »Der soziale Raum.« *Initiative 19. Februar Hanau*,
   https://19feb-hanau.org/der-soziale-raum/.

13 Gramsci, Antonio, herausgegeben von Hoare, Quintin & Nowell-Smith,
   Geoffrey. Selections from the Prison Notebooks of Antonio Gramsci.
   International, 1992.

14 Bubis, Ignatz. »Aus der Vergangenheit nichts gelernt? Antisemitismus in
   Deutschland.« *Friedrich-Ebert-Stiftung*, 02/1999, https://library.fes.de/
   fulltext/asfo/00228002.htm#LOCE9E3.

15 Ernst, Anna. »Der Kinderchor singt, der Ministerpräsident schäumt.«
   SZ, 28.12.2019, https://www.sueddeutsche.de/medien/wdr-umweltsau-
   kinderchor-satire-14738637.

6

Revolution und Konterrevolution im Sudan

1 »A coup in Sudan | Inside Story.« *Youtube*, Al Jazeera English, 11.04.2019, www.youtube.com/watch?v=hW5RyivQdFs.

2 Tilly, Charles. *European Revolutions: 1492–1992*. Wiley, 1993.

3 »Sudan: Submission to the United Nations Human Rights Committee: 124th Session, 8 October – 2 November 2018 – Amnesty International.« *Amnesty International*, 2018, www.amnesty.org/en/documents/afr54/9022/2018/en.

4 »Sudanese Authorities Seize Critical Papers After Reports on Rising Food Prices.« *Committee to Protect Journalists*, 08.01.2018, cpj.org/2018/01/sudanese-authorities-seize-critical-papers-after-r.

5 Tilly, Charles. *European Revolutions: 1492–1992*. Wiley, 1993.

6 Carmichael, Flora und Owen Pinnell. »How Fake News From Sudan's Regime Backfired.« *BBC*, 24.04.2019, www.bbc.com/news/blogs-trending-47899076.

7 Walsh, Declan und Joseph Goldstein. »Sudan's President Omar Hassan al-Bashir Is Ousted, but Not His Regime.« *The New York Times*, 11.04.2019, https://www.nytimes.com/2019/04/11/world/africa/sudan-omar-hassan-al-bashir.html?action=click&module=Top%20Stories&pgtype=Homepage.

8 Maloney, Suzanne und Kelan Razipour. »The Iranian revolution—A Timeline of Events.« *Brookings*, 24.01.2019, www.brookings.edu/articles/the-iranian-revolution-a-timeline-of-events.

9 »»They Were Shouting ›Kill Them‹«.« *Human Rights Watch*, 17.11.2019, www.hrw.org/report/2019/11/18/they-were-shouting-kill-them/sudans-violent-crackdown-protesters-khartoum.

10 Schauseil, Wasil. »Die demokratische Revolution im Sudan.« *Deutsche Gesellschaft für die Vereinten Nationen e. V.*, 21.10.2020, dgvn.de/meldung/die-demokratische-revolution-im-sudan.

11 Kurtz, Gerrit. »An International Partnership for Sudan's Transition.« *DGAP*, 25.06.2020, dgap.org/en/research/publications/international-partnership-sudans-transition.

12 Hammou, Salah Ben. »Sudan's Military Coup Seems to Be Supported by Some Civilian Politicians. That's Happened Before.« *Washington Post*, 25.10.2021, www.washingtonpost.com/politics/2021/10/25/sudan-some-civilian-politicians-now-appear-want-military-rule-thats-happened-before.

13 Jaji, Khaled. »National Initiatives to Defuse Political Tensions in Sudan.«
    Dabanga Radio TV Online, 05.10.2021, www.dabangasudan.org/en/all-
    news/article/national-initiatives-to-defuse-political-tensions-in-sudan.
14 Beaumont, Peter und Zeinab Mohammed Salih. »Sudan Democracy
    March: Three Protesters Killed as Security Forces Open Fire.« *The Guar-
    dian*, 30.10.2021, www.theguardian.com/world/2021/oct/30/sudan-coup-
    call-for-march-of-millions-to-challenge-military-takeover.
15 »We Recognize Hamdok as Leader of Sudan's Transition: EU, Troika
    Envoys.« *Sudan Tribune*, 27.10.2021, sudantribune.com/article222571.
16 Abdelaziz, Khalid. »Sudan military reinstates prime minister, but pro-
    tests continue.« *Reuters*, 22.11.2021, https://www.reuters.com/world/
    africa/sudan-military-reinstate-ousted-pm-hamdok-after-deal-reached-
    umma-party-head-2021-11-21/.
17 Ahmed, Kaamil. »Sudanese Evacuees in the UK Fear Limbo as Six-
    month Visas Begin to Expire.« *The Guardian,* 24.10.2023, www.the
    guardian.com/global-development/2023/oct/24/sudanese-evacuees-in-
    the-uk-fear-limbo-as-six-month-visas-begin-to-expire.
18 Nashed, Mat. »Sudan ›Resistance‹ Activists Mobilise as Crisis Escalates.«
    Al Jazeera, 22.04.2023, www.aljazeera.com/news/2023/4/22/sudan-
    resistance-activists-mobilise-as-crisis-escalates.

1

Der (globale) Backlash. Gewalt und
Repressionen gegen Protestbewegungen

1 Eyewitness News Staff. »Driver who hit protester speaks out.« *Bakers-
   fieldNow*, 07.06.2020, bakersfieldnow.com/news/local/driver-who-hit-
   protester-speaks-out.
2 Bidgood, Jess. »In Harm's Way. The car becomes the weapon.« *The
   Boston Globe*, 31.10.2021, apps.bostonglobe.com/news/nation/2021/10/
   vehicle-rammings-against-protesters/tulsa.
3 Epstein, Reid J. und Patricia Mazzei. »G. O. P. Bills target protesters (and
   Absolve Motorists Who Hit Them).« *The New York Times*, 21.04.2021,
   https://www.nytimes.com/2021/04/21/us/politics/republican-anti-
   protest-laws.html.
4 Degen, Ninja. »Angriff auf Klimaaktivisten in Mannheim: Polizei
   nimmt Mann fest.« *SWR Aktuell*, 08.09.2023, www.swr.de/swraktuell/
   baden-wuerttemberg/mannheim/festnahme-nach-attacke-auf-letzte-
   generation-in-mannheim-100.html.

5 »Autofahrer besprüht Klima-Aktivisten offenbar mit Reizgas.« *rbb24*,
   18.09.2023, www.rbb24.de/panorama/beitrag/2023/09/berlin-klima-
   protest-letzte-generation-protestwochen-blockade.html.

6 »Letzte Generation: Autofahrer schiebt Aktivisten bei Blockade vor
   sich her.« *Welt*, 30.08.2023, www.welt.de/vermischtes/weltgeschehen/
   article247163072/Letzte-Generation-Autofahrer-schiebt-Aktivisten-
   bei-Blockade-vor-sich-her.html.

7 Mullis, Daniel. »Protest in Zeiten von Covid-19.« *Ipb*, 22.11.2022,
   protestinstitut.eu/protest-in-zeiten-von-covid-19.

8 Pichl, Maximilian. »Die VersammlungsFreiheit krankt.« *jungle world*,
   16.04.2022, jungle.world/artikel/2020/16/die-versammlungs-freiheit-
   krankt.

9 »Regierungserklärung von Bundeskanzlerin Dr. Angela Merkel zur Be-
   wältigung der Covid-19-Pandemie in Deutschland und Europa vor dem
   Deutschen Bundestag am 23. April 2020 in Berlin.« *Die Bundesregierung*,
   23.04.2020, www.bundesregierung.de/breg-de/suche/regierungserklae
   rung-von-bundeskanzlerin-dr-angela-merkel-1746978.

10 Becker, Daniela und Bernd Neuhaus. »Leutheusser-Schnarrenberger für
   Einschränkung der Versammlungsfreiheit.« *WDR*, 12.11.2023, www1.
   wdr.de/nachrichten/landespolitik/nahost-demos-versammlungsrecht-
   100.html.

11 »Geltende Gesetze und Verordnungen (SGV. NRW.) mit Stand vom
   19.6.2024. Versammlungsgesetz des Landes Nordrhein-Westfalen (Versammlungsgesetz NRW – VersG NRW).« *recht.nrw.de*, recht.nrw.de/lmi/
   owa/br_bes_text?anw_nr=2&bes_id=47651&aufgehoben=N.

12 »Zum Versammlungsrecht von Ausländern.« *Wissenschaftliche Dienste
   Deutscher Bundestag*, 23.08.2018, www.bundestag.de/resource/blob/5734
   10/f29bbbe26976b23f666f0ddb2608e9be/WD-3-302-18-pdf-data.pdf.

13 »Leutheusser-Schnarrenberger bedauert Äußerungen zur Versammlungsfreiheit.« *WDR*, 13.11.2023, www1.wdr.de/nachrichten/landes
   politik/leutheusser-schnarrenberger-versammlungsrecht-diskussion-
   100.html.

14 Dicke, Christoph. »Von Wackersdorf bis zum Stachus: Präventivhaft in
   Bayern.« *BR24*, 13.11.2022, www.br.de/nachrichten/bayern/von-wackers
   dorf-bis-zum-stachus-praeventivhaft-in-bayern,TMyw7TP.

15 Krone, Tobias. »Letzte Generation: Legitim oder kriminelle Vereinigung?« *BR24*, 13.12.2023, www.br.de/nachrichten/deutschland-welt/
   letzte-generation-legitim-oder-kriminelle-vereinigung,Ty91020.

16 »Deutschland: Paragraf-129-Anklage gegen Letzte Generation verschärft
   Kriminalisierung von Protest.« *Amnesty International*, www.amnesty.de/

pressemitteilung/deutschland-paragraf-129-anklage-gegen-letzte-generation-kriminalisierung-protest.

17 »Bericht von Amnesty International: Deutschland schränkt Protest ein.« *taz*, 19.09.2023, taz.de/Bericht-von-Amnesty-International/!5961355.

18 *Protect the Protest | Interactive Map.* viewer.mapme.com/ca3f817e-c8cb-4fd2-83f2-910f0c7fd3c1/about.

19 BVerfGE 69, 315/346 f. unter Verweis auf Konrad Hesse.

20 Ebd.

21 Chen, Xi. *Social Protest and Contentious Authoritarianism in China.* Cambridge University Press, 2012.

22 Schedler, Jan. »Übernahme von Ästhetik und Aktionsformen der radikalen Linken – Zur Verortung der ›Autonomen Nationalisten‹ im extrem rechten Strategiespektrum.« *Strategien der extremen Rechten: Hintergründe–Analysen–Antworten*, Stephan Braun, Alexander Geisler, Martin Gerster (Hrsg.), VS Verlag für Sozialwissenschaften, 2009, 332–357.

23 Jones, Tobias. »The fascist movement that has brought Mussolini back to the mainstream.« *The Guardian*, 12.02.2018, www.theguardian.com/news/2018/feb/22/casapound-italy-mussolini-fascism-mainstream.

24 Aisslinger, Moritz. »Giorgia Meloni: Die charmante Postfaschistin.« *Zeit Online*, 25.05.2024, www.zeit.de/2024/23/giorgia-meloni-italien-post faschismus-rechtsextremismus-europa/komplettansicht.

25 Meyer-Resende, Michael und Nino Tsereteli. »Meloni's dangerous constitutional change in Italy.« *Politico*, 21.12.2023, www.politico.eu/article/melonis-dangerous-constitutional-change-in-italy.

26 Meijer, Roel. »Taking the Islamist movement seriously: Social movement theory and the Islamist movement.« *International Review of Social History* 50.2, 2005, 279–291.

27 Tuğal, Cihan. »Transforming everyday life: Islamism and social movement theory.« *Theory and society* 38.5, 2009, 423–458.

28 »Egypt: Rab'a Killings Likely Crimes Against Humanity.« *Human Rights Watch*, 12.08.2014, www.hrw.org/news/2014/08/12/egypt-raba-killings-likely-crimes-against-humanity.

29 Grimm, Jannis Julien. *Contested Legitimacies: Repression and Revolt in post-revolutionary Egypt.* Amsterdam University Press, 2022.

30 »Country Reports on Terrorism 2022: Egypt«, *U. S. Department of State*, https://www.state.gov/reports/country-reports-on-terrorism-2022/egypt/.

31 Rucht, Dieter. »Protest und Demokratie«, *Protest. Deutschland 1949–2020*, Martin Langebach (Hrsg.), Bundeszentrale für Politische Bildung, 2021, 20–43.

Dank

Jeder Text ist immer auch das Ergebnis seines Umfelds, entsprungen aus geteilten Gesprächen, Gedanken, Gefühlen. Jede Danksagung kann deswegen nur unvollständig sein. Versuchen kann man es natürlich trotzdem.

Meine Freunde, die jede kleine Krise im Schreibprozess, jede kurzfristige Absage, weil noch geschrieben werden musste, jeden Rant über Schreibblockaden verständnisvoll und duldsam ertragen haben, verdienen jede Anerkennung. Ich hoffe, ich bin genauso geduldig mit euch, und gelobe baldigst Besserung in meiner Antwortzeit auf Nachrichten! Besonderer Dank gebührt den Freunden, mit denen ich seit Jahren zum Thema Protest im Austausch stehe, die von eigenem Aktivismus oder eigenen Beobachtungen erzählen und mit denen ich diskutiere. Die auch vor Kritik und klaren Worten nicht zurückschrecken, wenn sie anderer Ansicht sind, und die mich zwingen, meine Argumente zu schärfen. Ohne euch wäre nichts davon möglich gewesen. Ebenso die Freunde, die mich überhaupt überzeugt haben, mit diesem Buch damals anzufangen – die duldsam alle Pro- und Kontra-Argumente durchgegangen sind und mich wirklich nur sehr behutsam geroastet haben, wenn es Anlass dazu gab. Ich hoffe, das bereut ihr angesichts dieses Buches jetzt nicht.

Danke auch all den Menschen in meinem Leben, die Teile dieses Buches gelesen haben und deren Feedback den ganzen Prozess begleitet hat. Dir, Lea Albrecht, für deine Gedanken, das Ad-hoc-Brainstorming über Cover und Titel und die spontane Suche nach Worten. Zu jeder Uhrzeit nachfragen zu können, wie genau Pyramiden gebaut werden, ist eine enorme Erleichterung. Danke, Mariam Salehi, für deine aufmerksamen Kommentare und die Unterstützung das ganze letzte Jahr, für die guten Mittagessen und den intellektuellen Austausch. Und Adrian Pourviseh, für deinen Rat und Einblicke in das Autorenleben, deine hilfreichen Erfahrungen und das stetige Mitreißen mit deiner Begeisterungsfähigkeit. Danke auch dir, Laura Reisser, die akribisch Satzzeichen in der Literaturliste gejagt hat und schlecht sortierte Verweise betont vorsichtig angestrichen hat. Und danke, Alexandra Hummel – ohne deinen Pitch vor anderthalb Jahren gäbe es heute kein Buch, und ohne dein einfühlsames Lektorat wäre nie *dieses* Buch zustande gekommen. Eine Freude war es, wenn aus dem Schreiben ein Zwiegespräch in den Kommentaren wurde.

Mein Dank geht auch an meine Kolleginnen und Kollegen, die mit Großmut und Flexibilität auf mein zusätzliches Projekt reagiert haben und es damit ermöglicht haben. Ohne das Zentrum für Konfliktforschung in Marburg als intellektuellem Resonanzraum, an dem ich zum Thema Protest lehren, forschen und arbeiten darf, wäre dieses Buch ebenfalls undenkbar gewesen. Besonderer Dank auch an die Südfrankreich-Gruppe: Der Writing Retreat in Marseille war definitiv eines der Highlights in diesem Schreibprozess.

Euer Tareq

Sprachhinweis

Während des Schreibprozesses dieses Buches passierte etwas Unerwartetes: Die neue schwarz-rote Koalition in Hessen beschloss ein Genderverbot in öffentlich-rechtlichen Institutionen. Dieses sollte auch Hochschulen umfassen und wurde scharf kritisiert. Mittlerweile ist die Landesregierung zwar zurückgerudert, bezieht das Verbot auf die Verwaltung und nicht auf die wissenschaftliche Arbeit – das Gendern ist aber so politisch wie noch nie. Als Mitarbeiter an einer hessischen Universität denke ich über die Politik geschlechtersensibler Sprache mit diesem Kulturkampf im Hinterkopf nach.

In diesem Buch wurden abwechselnd das generische Femininum und Maskulinum gewählt. Das wurde bewusst ohne Rücksicht auf die konkreten Wörter getan und darauf, ob es wirklich Diktatorinnen gibt. Denn die deutsche Sprache führt mit dem grammatischen Geschlecht stets ein implizites soziales und biologisches Geschlecht mit, ohne eine Möglichkeit zur Ausdifferenzierung zu bieten. Wenn der Arzt auch Ärztinnen umfassen soll, dann muss die Diktatorin auch Diktatoren umfassen. Die anderen Geschlechter sind dabei natürlich stets mitgemeint.

Musikhinweis

Beim Schreiben dieses Buches spielte immer wieder auch Musik eine Rolle. Jedes Kapitel rief eine musikalische Assoziation hervor – weil Protestlieder Teil der Recherche waren, weil Kompositionen die passende Emotion zum Kapitel hervorriefen oder weil Texte die Forderungen der Protestierenden auf den Punkt brachten. Um das zusammenzufassen, habe ich eine Playlist erstellt.

Tareq Sydiq, geboren 1992, ist Protestforscher am Zentrum für Konfliktforschung in Marburg. Der promovierte Politikwissenschaftler beschäftigt sich mit Protestbewegungen weltweit und forschte hierzu in Japan, Pakistan, England und im Iran.